U0336519

进化的力量

刘润 ● 著

刘润年度演讲 ①

机械工业出版社
China Machine Press

图书在版编目（CIP）数据

进化的力量 / 刘润著 . -- 北京：机械工业出版社，2022.1（2022.6 重印）

ISBN 978-7-111-69870-8

I. ①进… II. ①刘… III. ①管理 – 通俗读物 IV. ① C93-49

中国版本图书馆 CIP 数据核字（2021）第 259361 号

进化的力量

出版发行：机械工业出版社（北京市西城区百万庄大街 22 号　邮政编码：100037）

责任编辑：刘　静　　王　芹

责任校对：殷　虹

印　　刷：三河市宏达印刷有限公司

版　　次：2022 年 6 月第 1 版第 5 次印刷

开　　本：147mm×210mm　1/32

印　　张：8.5

书　　号：ISBN 978-7-111-69870-8

定　　价：69.00 元

客服电话：（010）88361066　88379833　68326294　　　投稿热线：（010）88379007

华章网站：www.hzbook.com　　　　　　　　　　　　　　读者信箱：hzjg@hzbook.com

版权所有 · 侵权必究

封底无防伪标均为盗版

我经常被问到这样的问题：润总，这些年商业世界发生了什么变化？未来，我们的机会在哪里？

　　作为一名商业顾问，我有责任回答这样的问题。但是我发现，要回答这些问题，必须要用到"进化论"的视角。

　　达尔文在加拉帕戈斯群岛发现了达尔文雀，这种雀的进化现象启发了他，使他在1859年出版了旷世巨著《物种起源》，并提出了著名的"进化论"：在虫子多的岛上，喙部是直的雀更适合生存；在浆果多的岛上，喙部是弯的雀更适合生存。反之，就会处于劣势，甚至灭绝。这就是"物竞天择，适者生存"。

　　成功，一定是因为我们做对了什么。但是，面对"天择"逻辑的复杂性，我们其实并不知道什么是对的。所以，面对变化，我们就用海量的"物竞"应对复杂的"天择"，这种力量就是进化的力量。

其实，商业进化和生物进化的底层逻辑是相通的。"不是最强壮的，也不是最聪明的，而是最适合的才能生存。"这句话不仅道出了物种从古至今演化的逻辑，也道出了商业世界进化的脉络。这世上，哪有什么基业长青，哪有什么永续经营，只有不断地进化、进化、进化。适合了，就被选择；不适合，就被淘汰。企业如此，个人也如此。

那么，我们周围的世界正在发生什么变化？我们应该如何进化？在这本书中，我将与你一同探寻这些问题的答案。

- 人口是最重要的慢变量。2022 年，连续 14 年的"活力老人"时代将正式开启，你打算如何与他们合作？

- 从数据到信息，到知识，再到智慧，我们一步步完成了数字化，数字世界的基本法《中华人民共和国个人信息保护法》（简称《个人信息保护法》）也已正式实施，你打算如何在法律的护航下开采数字石油？

- 从出口拉动经济到投资拉动经济，再到消费拉动经济，我们已经进入了新消费时代，新模式、新品牌、新渠道这三条赛道上，会有你在奔跑吗？

- X 世代迷茫，Y 世代自信，Z 世代独立，每一代人都有不同的特点。当第一批 Z0 世代毕业生进入商业世界，你懂得如何把他们当作客户，当作员工，当作合作伙伴，当作不得不携手同行的后浪了吗？

- 流量如水，每一次打通，都会灌溉无数创业者。流量生态正在打通公域与私域，你选好地方，开始打你的井了吗？

- 跨境电商在过去两年里经历了大起大落。接下来，跨境电商将开启一场加时赛，比专业化，比品牌化，比本土化，你准备好了吗？我们的星辰大海，不是跨境电商，而是全球化品牌。

- 未来，平台壁垒打破，万物疯狂生长，你正在变成你的 Pro（升级版）吗？

吴伯凡老师有一句名言："盲点不可怕，盲维才可怕。"所谓"盲维"，就是你没有注意到的新维度。未来，祝你能用这些新的维度看清世界的变化，成为一只商业世界的"达尔文雀"，不断进化，与时俱进。

目 录 ● CONTENTS

第 1 章

达尔文雀

为什么芯片比黄金贵

2021 年 6 月 16 日，一名男子在香港地区遭遇抢劫。警察赶到现场，问他被抢走了什么，他说"芯片"，就是手机、电脑甚至电饭煲里都要用到的芯片，一共被抢走了 14 箱，价值 500 万港元。

这是我人生中第一次听说有劫匪"不抢金店，抢芯片"的。是不是很魔幻？这个劫匪想必是理工科毕业的。

更魔幻的是，第二天，芯片股全线上涨，像台基股份、聚灿光电甚至涨了 20% 左右。这简直是在拍电影。

但是，即便是在拍电影，也要有个理由。为什么要抢芯片呢？是为了拉升股价吗？不是的。而是因为在 2021 年，芯片的确比黄金贵。

罗小珣是我的一位学员，是瑞邦环球科技的创始人。她的公司是做 PCB 也就是印刷电路板的。她的工作之一是帮客户满世界找芯片。她告诉我，其中一种芯片，在 2021 年 3 月中旬的价格是 179 元，到了 3 月下旬，竟然涨到了 1142 元！

还有一种芯片，门锁、手表以及各种穿戴设备里都要用到，平常的售价大概是 7 元。一个英国的客户想买这种芯片，用到他的海底探测机器人身上。罗小珣团队去商询价格，芯片公司报价 30 多元，罗小珣感觉太贵了，没买。可是到了第二天，这种芯片的价格一下子飙升到 146 元！

另一种用在千兆网设备上的芯片，2020 年的价格是 19 元。发挥你最大的想象力猜一下，这种芯片 2021 年最贵时涨到了多少？ 14 500 元。如果按每克价格来计算的话，这种芯片已经比黄金贵了 2 ～ 4 倍。

为什么会涨成这样呢？因为严重缺货。那为什么会严重缺货呢？因为新冠肺炎疫情。

2020 年的新冠肺炎疫情把这个世界分成了两个泾渭分明的时代：一个是没有口罩的时代，一个是去哪里都要绿码的时代。

新冠肺炎疫情会影响餐饮行业、旅游行业，影响很多线下服务业，这都可以理解。但是，新冠肺炎疫情怎么会影响到芯片行业，最后导致严重缺货、价格疯涨呢？

当时，谁也想不到。但现在从马后炮的角度来看，从新冠肺炎疫情到芯片缺货，其实经过了三个传导因子：消费电子市场爆发→工厂谨慎扩产能→恐慌性囤货。

因为新冠肺炎疫情，大人在家办公，孩子在家上课。以前，大人、孩子共用一台电脑就可以了，现在必须每人一台。所以，曾经连续六年呈现下滑颓势的 PC 市场，在疫情暴发的 2020 年全球出货量超过 3 亿台，同比增长 13.1%，创下近年来的新高。电脑周边设备的出货量也出现了同步增长：以美国为例，路由器同比增长了 29%，鼠标同比增长了 31%，键盘同比增长了 64%，耳机同比增长了 134%，显示器同比增长了 138%，网络摄像头同比增长了 179%。

所有这些设备都要用到芯片，于是，芯片突然开始缺货。

缺货？这还不简单？加班加点生产就可以了。加班加点都来不及？那就再增加一条生产线，扩大产能。

其实没那么简单。我们常说"产能爬坡"，但是实际上那个在"爬坡"的，是稳定增长的需求。产能不会"爬坡"，只会"爬楼梯"，这一个大步子迈出去，需求能跟得上来吗？大家普遍预测，等新冠肺炎疫情结束，疯狂的需求会锐减，所以，工厂不敢贸然扩大产能。

那怎么办？

为了防止芯片缺货导致停产，大量厂商开始恐慌性"囤货"。不少品牌提前买足了 3 个月的芯片用量，甚至有人开始囤 6 个月、12 个月的用量。越囤越缺货，这时就有更多人囤货，然后就导致更加缺货。

芯片短缺到底会持续多久？ 2021 年 3 月，雷军说："不仅是手机芯片缺货，全球无论什么芯片都缺货，而且这个缺

货，可能会持续两年。"也就是说，雷军认为，芯片缺货可能
会持续到 2023 年 3 月（见图 1-1）。

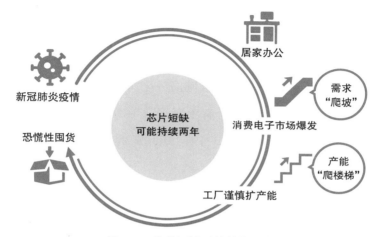

图 1-1 芯片短缺可能持续两年

绘图：华十二。

芯片行业是一个聪明人密度较高的行业，然而，在环境
发生巨变时，居然所有人都束手无策。不管你怎么努力，似
乎都是"困难总比办法多"。

但是，环境的巨变，是不是只会给人出难题呢？当然
不是。

一个叫宋婷婷的小姑娘，2021 年时只有 19 岁。大一下
学期，她成立了一家外贸电商公司，半年就收入了 500 万元。
2021 年 9 月，《中国青年报》进行了一次调研，主题是 00 后
大学生对自己毕业后薪酬的评估。在报社回收的 2700 份问卷

中，67.65% 的 00 后大学生认为自己 10 年后的年薪可以超过 100 万元。但事实上，毕业 10 年后年薪百万的大学生可能不到万分之六，也就是说，在这 2700 人中，能达到年薪百万的不到 1 人。年薪百万，其实非常困难，大部分人终其一生都做不到，但是这个叫宋婷婷的小姑娘在她 19 岁的时候就做到了。

她是怎么做到的？就是面向海外采购商做跨境直播。

有时，她的一场直播有 1 万多人在线观看，现场就有 300 个意向单。现在，她每月有 5000 多条询盘。还有很多客户问都不问，直接静默下单。

一个 19 岁的新手是怎么做到一创业就如鱼得水的呢？是因为她所进入的行业——外贸电商迎来了爆发式的增长。

2021 年上半年，我遇到了阿里巴巴国际站的总经理张阔。他告诉我一个数据：2021 年一季度，中国跨境贸易总额相比 2019 年一季度（不是 2020 年，是新冠肺炎疫情暴发前的 2019 年）增长了将近 300%！

外贸电商的蓬勃发展，也是因为同一个原因——新冠肺炎疫情。

那么，新冠肺炎疫情又是怎么让外贸行业爆发的呢？

从新冠肺炎疫情到外贸行业爆发，其实也经过了三个传导因子：全球需求下降→全球供给下降得更厉害→复工的中国供应链填补"剪刀差"。

2020 年 2 月，新冠肺炎疫情暴发，因为疫情防控需要，中国经济按下了暂停键。工厂停工，餐厅歇业，景区关门……几乎所有的行业都遭受了重创，其中当然也包括外贸行业。

这时，很多海外客户问："你们还能不能发货？'世界工厂'什么时候能开工？"根据跨境金融和风控服务公司 XTransfer 发布的《2020 年中国中小外贸企业竞争力指数》，因为新冠肺炎疫情，中国中小外贸企业竞争力指数从 2020 年 1 月的 71.9 骤降到了 2 月的 67.7。

可是，到了 2020 年 3 月，形势戏剧性地翻转。因为强有力的抗疫措施，肆虐全球的新冠肺炎疫情在中国得到了缓解。原本外贸人担心的是上游工厂因为停工无法供货，现在外贸人开始担忧下游因为新冠肺炎疫情不下单了。

2 月份，他们要不断地回答客户"我们很好，我们没事，不影响生意"，而 3 月份，他们又要不断地问客户"你们好吗？口罩要吗？单还下吗"；2 月份，他们担心开不了工，赶不上货期，而 3 月份，他们担心的是客户被隔离付不了货款。因此，当时有一句外贸人自嘲的话很流行："中国打上半场，世界打下半场，外贸人打全场！"

但是，外贸行业真的这么惨吗？ 2020 年 3 月，当中国大量海外订单被取消，几乎所有人都唱衰出口时，我在我的创业者社群"进化岛"发表了一篇文章说：外贸行业的机会可能要来了。

为什么？因为新冠肺炎疫情，大家不出门了，不花钱了，全球的需求确实下降了。但是，也因为新冠肺炎疫情，员工放假，工厂关门，全球的供给下降得更厉害。这个"剪刀差"，就是当时中国外贸的巨大机会。

XTransfer 的中国中小外贸企业竞争力指数也说明了这一点。2020 年 3 月，中国中小外贸企业竞争力指数从 2 月的 67.7 提升到 68.8。虽然只提升了一个点左右，但是我们只用了一个月的时间就开始触底反弹。我们稳住了。

到了 2020 年 4 月，中国中小外贸企业竞争力指数又从 3 月的 68.8 陡升到了 77.9。

为什么 4 月份会陡升呢？

有一次，我参加一个外贸论坛，论坛主办方邀请了菲律宾驻华贸易投资中心的负责人 Mario C. Tani 做分享。Mario 在演讲中分享了疫情期间菲律宾的出口数据。菲律宾的出口从 2020 年 1 月新冠肺炎疫情暴发就出现了下降：2020 年 1 月同比下降了 9.6%，2020 年 2 月同比下降了 3.4%。这两个月是"中国的上半场"，而 2020 年 3 月，进入"世界的下半场"了，菲律宾的出口一下子下降了 15.8%。到 2020 年 4 月，菲律宾的出口数据更加令人震惊，同比下降了 41.3%！

对比一下，你会发现，从时间线上来看，中国中小外贸企业竞争力的提升和菲律宾出口的下降有着惊人的重合，尤其是在 2020 年 4 月。

菲律宾只是其中的一个代表，其实，当时全球的供给都在锐减。而这时，中国的供应链正在快速复工复产。这中间的"剪刀差"就变成了机会，涌向了中国的外贸电商。

现在我们回过头来看，会发现：

同样的疫情，导致了两个行业截然不同的结果：芯片行业的缺货和外贸行业的爆发。

同样的疫情，导致了两个人截然不同的命运：一个人靠打劫芯片抢了 500 万元；一个人靠外贸直播赚了 500 万元。

道德经里有句话："天地不仁，以万物为刍狗。"它不对谁特别好，也不对谁特别坏，它只是按照自己的路径变化——"芯片行业因为我的变化变得水深火热了，外贸行业因为我的变化一飞冲天了，那都是你们的事情，与我无关。"

最适合的，才能够生存

谁才能在"我的变化"里活下去呢？

"不是最强壮的，也不是最聪明的，而是最适合的才能够生存。"我特别喜欢这句话。很多人以为这句话是达尔文说的，以前我也是这样以为的。但是，生命科学家王立铭老师告诉我，这其实是美国的一位商学院教授利昂·梅金森说的。⊖

⊖　https://www.darwinproject.ac.uk/people/about-darwin/six-things-darwin-never-said/evolution-misquotation.

不管是谁说的，这都不妨碍宋婷婷被时代"砸"中，成为一只天选的"达尔文雀"。

什么是"达尔文雀"？

1835 年，一位年轻的博物学家坐着一艘叫"贝格尔号"（H.M.S. Beagle，也叫"小猎犬号"）的船来到南美洲的加拉帕戈斯群岛，并在那里停留了大概一个月。

加拉帕戈斯群岛由 7 个大岛、23 个小岛、50 多个岩礁组成，距离南美大陆 1000 公里，大部分动物包括飞鸟很难在该群岛和南美大陆之间迁徙，因此该群岛几乎与世隔绝。也正因为如此，该群岛上独立进化出了很多前所未闻的物种，比如平塔岛象龟、海鬣蜥、蓝脚鲣鸟等。但是，要论这个群岛上最著名的物种，却是一种外形平平无奇，看上去也没什么神奇能力的雀。

这种雀之所以知名，是因为它引起了这位年轻的博物学家的注意。这位博物学家从加拉帕戈斯群岛和周边岛屿上收集了很多动植物标本，其中就有几十只这种雀的标本。

回到英国后，他把这些标本交给了著名的鸟类学家约翰·古尔德（John Gould）。古尔德研究后发现这些雀的喙部形状差别很大。

比如，有的雀喙部又厚又硬，这是因为它要捡食地上的坚果。

比如，有的雀喙部又尖又细，这是因为它要啄食树木里的虫子。

比如，有的雀喙部闭合不够严密，还微微向内弯，这是因为这样更方便吃花蜜和昆虫。

古尔德发现，这些雀虽然喙部如此不同，但彼此之间具有很近的亲缘关系。原来，这些雀源于同一个祖先，但是在不同的小岛上，因为环境不同、食物不同，它们分别进化出了不同的形态，最终生存了下来。

这个有趣的现象启发了这位博物学家。1859 年，也就是探访加拉帕戈斯群岛的 24 年后，他出版了一本旷世巨著——《物种起源》，并提出了著名的"进化论"。在虫子多的岛上，喙部是直的雀，更适合生存；在浆果多的岛上，喙部是弯的雀，更适合生存。反之，就会处于劣势，甚至灭绝。这就是"物竞天择，适者生存"。

这位博物学家就是查尔斯·罗伯特·达尔文（Charles Robert Darwin）。

进化论的提出从此改变了整个人类看待自己的方式。生物学家杜布赞斯基（Dobzhansky）甚至说："若无进化之光，生物学毫无道理。"（Nothing in biology makes sense except in the light of evolution.）

后来，这座启发达尔文提出进化论的加拉帕戈斯群岛被称为"进化岛"，而这种根据环境变化而不断进化的雀被称为"达尔文雀"。

进化就是用海量的"物竞"应对复杂的"天择"

进化论可能是对后人影响最深的学说之一，但也可能是被后人误解最深的学说之一。

你真的懂"进化论"吗？

从前，有一种短脖子长颈鹿，喜欢吃树叶。可是，吃着吃着，低处的树叶吃完了，怎么办？这只短脖子长颈鹿的"脑洞"很大。它开始生孩子，拼命生，拼命生。大部分孩子都是正常的，和它一样是短脖子长颈鹿。但是有一个孩子，不知道为什么，脖子却特别长。正常的短脖子长颈鹿因为吃不到高处的树叶，纷纷饿死了，而这个长脖子的长颈鹿最后居然生存了下来。

短脖子长颈鹿其实并不知道，环境发生巨变后，是脖子长一点的能活下去，还是脖子短一点的能活下去。不光短脖子长颈鹿不知道，谁也不知道。怎么办？那就拼命生，拼命生。只要数量足够多，总会发生各种意料之外的随机变异，比如，有的短脖子长颈鹿脖子变长了，有的短脖子长颈鹿腿变粗了。哪一种才能活下去呢？不知道。没关系，交给"上天"来选。

生命科学家、得到课程"进化论50讲"主理人王立铭老师说："进化论是地球上唯一可靠的成功学。"说得太对了。

成功，一定是因为我们做对了什么。但是，面对"天择"

逻辑的复杂性，我们其实并不知道什么是对的。所以，面对变化，我们就用海量的"物竞"应对复杂的"天择"，这种力量就是进化的力量。

哪有什么基业长青，只有不断地进化

润米咨询每年要做不少事情，包括运营"5分钟商学院"专栏、"刘润"公众号和视频号，出书，做演讲等，但排在所有这些事情之前的是咨询，因为润米咨询首先是一家咨询公司。

咨询公司有两个最重要的工作：思考和寻找。我经常开玩笑说，做咨询就是"夜观天象，日观人相"。这八个字是从五源资本创始人刘芹那里借来的。

晚上，要静静地思考。思考什么？思考"天择"的复杂逻辑，看看上天又出了什么新题，试着做做看。简单的就做出来，复杂的就先放着。

白天呢，到处见人，满世界寻找。寻找什么？从海量的"物竞"的方法中，寻找那些做得对的——"哇，这么复杂的题你居然做对了，我看看你是怎么做的？"

而在思考和寻找中，寻找是更重要的事情。因为面对那些真正复杂的变化，做对题，有时候真的只能靠运气。

靠运气？是的。

马云说，阿里巴巴成功是靠运气，并非依靠勤奋；马化腾说，创业初期，70% 是靠运气；雷军说，企业的成功，85% 来自运气；Youtube 的创始人陈士骏也说，成功需要 90% 的运气加 10% 的努力。

都说自己成功靠运气。你信吗？

不管你信不信，反正我是信了。面对真正复杂的变化，100 只随机变异的雀都认为自己给出的是正确答案，证明过程看上去都无懈可击。但是，正确答案只有一个。做对题，有时候确实只是运气好。

既然马云、马化腾、雷军、陈士骏都说自己靠的是运气，那我还假装什么"学霸"呢？

保持敬畏，保持谦逊。趴在地上，爬到树上，到处寻找，寻找那些因为聪明，因为强壮，或者仅仅是因为运气好而做对了新题的"达尔文雀"。

这，就是我的工作。

所以，我疯狂地出差，到处寻找。

2016 年，我发起了一个叫"问道全球"的项目。感谢曲向东老师和他的"极之美"团队的悉心安排，让我可以每年专心陪同 20 多位企业家在全球范围内寻找"达尔文雀"。

第一站，就是进化的圣地——加拉帕戈斯群岛。2016 年 1 月，在达尔文登岛 181 年之后，我陪同一些充满重生渴望的企业家、创业者朋友飞越半个地球，登上这座"进化岛"，探寻商业进化和生物进化共通的底层逻辑。在岛上，我们亲眼看到了达尔文在 1835 年看到的军舰鸟、蓝脚鲣鸟、加拉帕戈斯象龟、陆鬣蜥、海鬣蜥、加拉帕戈斯企鹅和达尔文雀。然后，我给同行的企业家和创业者讲解达尔文雀的进化，探讨如何做一只商业世界里的"达尔文雀"。我们深受自然规律的启发：这世上，哪有什么基业长青，哪有什么永续经营，只有不断地进化、进化、进化。适合了，就被选择；不适合，就被淘汰。企业如此，个人也如此。

后来，我们又一起探访了以色列、德国、美国、秘鲁等很多国家。回国后，我开始大量分享我关于"商业进化"的观点，也作为商业顾问，撸起袖子参与一些企业艰苦的"进化"，努力帮助企业和企业家成为商业新生代的"达尔文雀"。我在帮助他们的同时，也在学习，也在进化。

后来，我又发起了"问道中国"的项目。在过去这些年，我与企业家朋友们几乎走遍了中国的 34 个省、自治区、直辖市、特别行政区，以探寻那些正好"适合"这个时代的商业"达尔文雀"。我们一起探访了大量优秀中国本土企业，除了百度、阿里巴巴、腾讯、字节跳动之外，我们还认识了很多今天可能还不知名，但未来的某一天一定会在中国的商业史上留名的企业。

另外，我还在领教工坊、黑马营以及阿仁孵化器，长期陪伴着一些潜在的达尔文雀企业。它们还很小。同时，我还担任着腾讯、恒基等企业的战略顾问。它们已经很大了。

越探寻，我似乎越能清晰地看到商业进化的脉络。

小时候，我家里的油盐酱醋是在街口的"小卖部"买的。除了卖油盐酱醋，小卖部还租录像带。我的物质生活和精神生活都被小卖部"一把抓"了。小卖部的老板还特别聪明，你不会做的作业也可以问他。对了，他还卖作业本。

小卖部是适合那个时代的物种。那时，车马很慢，书信也很慢。

但是不久，天变了，"大超市"来了。

大超市的大体量带来了低价格，低价格带来了大体量，如此循环。站在消费者的角度，这就意味着"又全又便宜"。在大超市的"强壮"面前，小卖部的"聪明"毫无用处。

大超市是适合它那个时代的物种。在那个时代，大就是强，强就是好。

但是不久，天又变了，"互联网"来了。

因为没有门店租金的成本，在网上买东西更全、更便宜，还隔天就能送到。大超市的"强壮"突然变成了"笨拙"。然后，家乐福被卖掉了，麦德龙被卖掉了，大润发被卖掉了。而小卖部换了个名字叫便利店，又活过来了，而且越活越好。

为什么？

晚上吃完饭，你下楼散步，突然很想喝一杯酸奶。请问，这时你会在哪里买这杯酸奶？家乐福？来回5公里，太远。

京东超市？明天才送到，太慢。这时候，你一定会在门口的便利店买，即使你明知便利店比家乐福、京东超市卖得要贵一点，因为它近。

从小卖部到大超市，再到便利店，商业世界的进化逻辑和达尔文的进化论是一模一样的：不是最强壮的，也不是最聪明的，而是最适合的才能生存。

这些年，我每年都要出差 100 多天，经常要在 8 天中跨越南北方 4 个不同城市，凌晨 5:30 起床到次日凌晨 2:00 才能睡觉，中途还要开现场会、电话会，录制视频，回答"进化岛"同学的提问……虽然很辛苦，很累，但是我像达尔文一样兴奋。因为，我收集了大量的商业"达尔文雀"的标本，并把它们带回了润米咨询。

作为一名咨询顾问，我开始分析它们的战略，解构它们的组织，仔细研究，寻找它们之所以能"适合"这个时代的突变基因，破解商业进化的密码。我相信，这些"达尔文雀"身上的基因密码一定对创业者、企业家、管理者，以及所有对商业甚至自身职业生涯感兴趣的同学有巨大启发。

然后，从 2021 年 10 月 1 日起，我开始闭关，不出差，不去办公室，不咨询，不演讲，不开会，只做一件事，就是专心准备 2021 年的年度演讲。对咨询顾问来说，时间就是金钱，闭关一个月，准备一场演讲，这是多大的投入？可是，为什么我要耗费大量的时间去做这样一件事呢？

因为我知道，每年的 11 月、12 月是很多企业做下一年的年度规划的时候。我希望把自己在过去一年看到的那些变化以及"达尔文雀"们给出的参考答案，通过这场年度演讲与大家分享，让我们一起更早地看到未来。

你可能是强壮者，也可能是聪明者，现在，我邀请你和我一起向达尔文雀学习，然后，完成你自己的进化。

我一直很喜欢张瑞敏先生的一句话："这个世界上，从来没有成功的企业，只有时代的企业。"是的，所有企业的成功，都是因为踏准了时代的节拍。我们可能曾经踏准了时代的节拍，获得了今天的小有成就或者巨大辉煌。但是时代总在变化，于是我们也唯有不断进化。只有这样，才能再次踏准时代的节拍，获得更大的成功，或者再造卓越。

在进化的道路上，底层逻辑更加重要

经常有人问我：在商业里，在创业中，有什么值钱的稀缺能力？

我说，总体而言，有 5 种稀缺能力。这 5 种能力其实也算是 5 种战略，而且是更底层的战略，是选择战略的战略。

在进化的路上，底层逻辑更加重要。

商业世界有一些基本的维度，比如，是否可预测，是否可塑，以及环境的严苛性等。把这些维度进行排列组合，你就能清楚地看见不同的战略。

如果你觉得行业可以预测却不可塑，那么基本的战略是"做大"。

如果你觉得行业不可预测也不可塑，都是模糊的，那么这个时候只能"求快"。

如果你觉得行业可以预测并且可塑，知道要发生变化了，那么你应该"抢先"。

如果你觉得行业不可预测但是可塑，那么你要做的是"协调"，是团结那些和你一样的人，去重新定义规则。

如果你所在的行业环境突然变得特别严苛，那么这个时候的核心不是发展，而是活下来，是"求存"。

做大、求快、抢先、协调、求存，就是 5 种稀缺能力，也是 5 个进化的底层逻辑，是你在引领企业发展的过程中必须要思考的事情。

1. 做大

如果你觉得行业可以预测但不可塑，那么这样的行业可能是传统行业，基本的战略和打法是"做大"，实现规模优势。

在商业中有一个非常基本的"成本公式"：成本 =（固定成本 / 销售规模）+ 变动成本。遵循这个公式，我们想要做大，有 3 种方法：一是降低固定成本，二是降低变动成本，三是提升销售规模。你可以根据自己的情况选择合适的打法。

　　小米选择的方法是提升销售规模。举个例子，假如小米智能手环的固定成本（建设生产线、开模具等）是 1000 万元，变动成本（购买芯片、电池等）是 60 元，应该怎么定价？小米认为自己至少能卖 1000 万个智能手环，那么，1000 万元的固定成本平摊在 1000 万个智能手环上，每个智能手环的成本只有 1 元钱。加上 60 元的变动成本，那么小米的智能手环定价只要大于 61 元就不亏。如果你也准备做智能手环，你觉得自己能卖多少？如果你能卖 10 万个，那么，1000 万元的固定成本平摊到 10 万个智能手环上，每个智能手环的成本是 100 元。加上 60 元的变动成本，你的智能手环要卖 161 元才不亏。61 元和 161 元，哪个更有优势？

　　这就是"做大"——比你大，比你便宜，还比你赚钱。

　　所以，做大的竞争往往是非常惨烈的。你经常能听到各种关于价格战的故事，就是这个原因。

　　但是，如果实在没办法做大呢？你可以选择差异化。

　　有一家叫"我乐橱柜"的高端定制橱柜品牌就选择了差异化战略。它的产品用设计感来体现差异化，做得比市面上的其他产品更好，而且同样的款式在行业里找不到第二家。因为找不到而稀缺，因为稀缺，我乐橱柜拥有了定价权。

　　当然，好的设计会有被抄袭的风险，但是即使抄袭也需要时间，从抄款式到上生产线加工出来，需要很长的时间。而在这段时间里，我乐橱柜的产品早就已经下架了，因为它规定：所有的产品必须在两年内全部下架。然后，它会继续设计开发新的差异化的产品。这实际上也是倒逼自己建立快速设计产品的能力，从而牢牢守住自己的差异化优势。

2. 求快

如果你觉得行业不可预测也不可塑，都是模糊的，那么这个时候只能"求快"。

就像在一个漆黑的世界，你根本不知道前面是什么，你只能遇到金矿就赶紧挖，遇到老虎就赶紧跑。新冠肺炎疫情期间的外贸行业就是这样的情况。在新冠肺炎疫情暴发之初，停工停产，外贸行业受到了极大的影响。但随着中国经济逐渐恢复正常以及世界上其他国家和地区新冠肺炎疫情越来越严重，在需求和供给之间出现了一个巨大的缺口。漆黑的世界里突然有一个地方被点亮，稍纵即逝，必须赶快抓住这个时间窗口。最后，那些勇敢地冲进去的外贸企业、跨境电商商家，都赚到了不少钱。

所以，你也可以想想，在你所在的行业里应该怎么求快？

我经常说，至少有一些方面你可以更快。

比如制造业的"生产天数"可以不断缩短。

熟悉我的朋友都知道，我非常瘦，所以我的很多西装、衬衫都是定制的。定制的衣服虽然合身，但是要花很长时间。量体、裁衣、制作、试穿、修改、成衣，往往要耗费半个月甚至一个月。我的一位企业家朋友在青岛有一家西装工厂叫"酷特云蓝",她对我说:"润总,以后你的西装就交给我来负责吧。你下单后 7 天,衣服就送到家了。"

我很好奇:这么快?这是怎么做到的?

她说,是因为通过模块化和柔性化实现了反向定制。

她派了一个小姑娘,在我身上 19 个部位量了 22 个数据,然后,我们坐在电脑面前一个模块、一个模块地选择:西装的领口向上斜还是向下斜;袖口的扣子是 4 粒还是 5 粒;衣服的里衬是麻的还是绸的……接着,我的身材数据和喜好数据通过互联网进入了她的西装工厂。

她的工厂进行了柔性化的技术改造,这使得生产线可以实现小批次甚至是单件的生产,生产的周期也缩短到 7 天之内。这种反向定制的模式,不仅能消灭库存,还大大提高了生产速度。

再比如零售行业的"库存周转天数"也可以不断缩短。

库存周转天数是指你进一批货之后多久能卖出去。假如一家小卖部进了 100 元的货,卖 150 元,利润很高,达到了50%,但是花了一年才卖出去。另一家超市也进了 100 元的货,卖 110 元,只赚 10%,利润很薄,但是只花一个月就卖出去了。那么,谁赚得更多呢?

答案是超市。

因为超市的库存周转天数更少,它一年能卖 12 次,一共能赚 120 元。而小卖部一年只能赚 50 元。超市卖得比小卖部便宜，却能赚得更多。

在商业世界中，库存周转天数的多少带来的差异是巨大的。

我可以与你分享一组各个企业库存周转天数的数据：苏宁 47 天，沃尔玛 45 天，京东 38 天，开市客（Costco）30 天。

这意味着在同样的条件下，如果苏宁能赚 100 万元，沃尔玛可以赚 104 万元，京东可以赚 124 万元，而开市客可以赚 157 万元。这就是库存周转天数更少的重要性。

3. 抢先

如果你觉得行业可以预测并且可塑，知道要发生变化了，那么你应该"抢先"。就像玩"抢椅子"的游戏，谁先坐下，抢到了位置，谁就胜利了。

在一个新的交易网络里，如果一个有价值的生态位正在出现，那么这就是要去抢的机遇。而重大机遇来临时，通常有以下四个信号，你可以关注。

一是逐渐明朗的重大趋势。

比如新基建。过去的基建是指修桥、修路、修高铁，而新基建是国家重点扶持和关注的互联网领域的基础设施建设。新基建是国家战略，其中蕴藏着很多机遇。如果能把新基建和你所在的行业关联起来，你可能会发生翻天覆地的变化。

二是新技术的出现。

基因技术、5G技术、自动驾驶技术、区块链技术……每一种技术都可能引领一个行业的变革。技术的变革，会造就一批新人，也会淘汰一批老人。谁能发现新技术，谁能利用新技术，谁就有可能屹立在新的潮头。想一想，你所在的行业有哪些新的技术正在出现？

三是未被满足的需求。

人的需求永远都会存在，而且永远都不会被满足，只是在当下的情景、当下的技术、当下的环境中被暂时性地满足了。当有一些新的工具、新的模式、新的创意出现时，那些未被满足或未被很好地满足的需求，就会成为你的机会。

比如，这个世界上永远有一批想尝鲜的先锋用户，在寻找着最新奇的产品。而这些新鲜的、好玩的产品，可能不会在淘宝上，而是在抖音上。

四是关注边缘企业等潜在颠覆者的活动。

创新往往发生在不起眼的瞬间，颠覆往往发生在边缘。很多边缘企业可能就是潜在颠覆者，关注它们有时候会有意想不到的收获。它们试的这条路径通不通？如果它们失败了，相当于为你试错了。如果它们成功了，你也可以跟进，或者与它们合作。

当你发现了这些信号后，接下来要做的就是应用新技术，创造一个新的商业模式，或者把你的能力迁移到另一些行业。

抢先，就是拼速度，在时间窗口关闭之前就牢牢占住位置。

4. 协调

如果你觉得行业不可预测但是可塑，那么你要做的是"协调"，是团结那些和你一样的人，去重新定义规则。

2019 年 12 月，埃隆·马斯克发表了一篇文章《我们所有的专利属于你》(All Our Patent Are Belong To You)，他说，他将采取"开源模式"，对外开放所有专利，以鼓励其他企业开发先进的电动汽车。他之所以这么做，是因为他清楚地知道，特斯拉的对手不是其他电动车，而是整个燃油车生态系统。马斯克做的就是协调——团结行业的所有人，重新定义产业规则。

贝壳找房的例子也是如此。贝壳找房是房地产经纪行业的创新力量。我曾经说过，房地产经纪行业的真正问题是 C 端（客户端）单次博弈，B 端（企业端）零和博弈。C 端单次博弈的根源是经纪人从业时间短，B 端零和博弈的根源是经纪人赢家通吃。而贝壳找房提出，解决这个问题的根本思路是采用一套新的行业合作机制：一是延长经纪人的从业时间，让老客户的口碑效应显现，从而使经纪人可以从长期诚信中受益，减少 C 端单次博弈；二是经纪人合作卖房，按照贡献分配中介佣金，让所有付出都能得到相应的回报，减小 B 端零和博弈。这套行业合作机制，就是我们经常听到的"ACN"，也就是经纪人合作网络，它把经纪人的工作分为了 10 个角色（房源方 5 个，客源方 5 个）。

5. 求存

如果你所在的行业环境突然变得特别严苛,那么这个时候的核心不是发展,而是"求存",是努力活下来。活下来,就是胜利。

什么是求存?具体来说就是救命,治病,养生。

救命就是活下去。失血过多时,关键是立刻止血,而不是分析病因。

治病就是好起来。血管堵塞时,关键是安装支架,而不是少油少盐。

养生就是更健康。身体虚弱时,关键是休养锻炼,而不是多喝热水。

从财务报表的角度来看,"救命"就是现金流为正,"治病"就是利润为正,"养生"就是资产增值。

做大、求快、抢先、协调、求存,就是5种稀缺能力,也是5种选择战略的战略。

这些底层逻辑,既可以帮助你更好地思考,也能帮助你做出更好的决策。

万物得其本者生,百事得其道者成

每个人都渴望进化,也希望在进化的过程中获得成功。经常有人问我:成功有没有方法论,如何从成功走向成功?

这是一个很好的问题。

我和你分享几个故事和我的一些思考，希望对你有启发。

我有个朋友开了一家餐厅，经营得非常好。他的餐厅不仅有好吃的菜品、实惠的价格、良好的服务、现代的装修，他还精通八大菜系，尤其小龙虾是一绝，因此，去他的餐厅吃饭的人络绎不绝。他也通过这家餐厅赚到了不少钱。

有一天，他兴高采烈地告诉我：他要在全国开连锁店，让更多人吃到他家的饭菜。经过长时间的准备，他陆续开了第二家店、第三家店、第四家店……然而，这些店却让他从赚到不少钱变为亏得一塌糊涂。

为什么会这样？

首先我们要理解这件事情的本质。这件事情的本质是，在复制成功的过程中，有些你看不见的东西不见了。而这种情况发生在各行各业。

我举两个例子。

我有一个学员是开健身房的，他的健身房有热血的音乐、炫目的灯光、专业的教练、高级的会员服务，非常不错。但是，在他进行扩张的时候，遇到了同样的问题——开了几家分店后，经营效果明显下降。

和他交流之后，我发现他第一家店的成功并不是因为他之前总结的原因，而是因为选址，他的健身房开在了互联网公司的周边。在互联网公司工作的人，压力大，工作强度大，

"996"甚至"007"是常态。为了保证自己的身体健康和精神状态良好，他们有大量的健身需求，很多人一下班就会到周边的健身房健身。

他的第一家健身房毫不费力就找到了大量的精准人群和免费流量。音乐、灯光、教练、服务都很重要，但最重要的要素是选址。

我的另一个学员是做旅游地产的，他的公司曾经位列中国旅游地产公司前十名。他很自豪地告诉我，他家的房子经过严格的评估、精心的设计、耐心的开发以及专业团队的打磨，已经迭代好几轮了。坦率地说，当我去参观他的地产项目，看见楼盘的那一刻，我只有一个念头：买！

但是，当他想要做大做强，多复制几个这样的项目时，却惨淡收场。而且，由于地产项目需要巨额资金周转，他向银行借贷了大量的资金。当房子卖不出去时，他承受了巨大的资金压力，他告诉我："我每天一睁眼，就欠了银行 300 多万元的利息。"是的，是利息，不是本金。

我也和他深谈，结果发现他之前的项目成功的原因是把房子建在了一个成熟景点的旁边。房子的设计和开发可以复制，但是成熟的景点却不能复制。

那些他们"看不见"的要素，在复制的过程中不见了。所以，复制常常以失败告终。

理解了那些"看不见"的东西，我们回到那位朋友要在全国开餐厅的事情。

为什么他复制餐厅会失败呢？那个他"看不见"的、更关键的成功要素到底是什么？

无论是八大菜系，还是独门秘籍的小龙虾，本质上都是中餐。做中餐最大的问题是讲究手感。比如，做菜时油要八成热，精盐少许，煎至金黄色……但是，多热是八成热？多少才是少许？什么样的颜色才是金黄色？说得清楚吗？

因为这个原因，菜的水准取决于厨师的经验和水平，标准化程度不够高，所以很难复制。

想要复制成功，就是要复制好吃，要做到不论哪家店，菜都是一样好吃。有一家企业做到了这一点，值得我们学习，那就是海底捞。

有人说，海底捞你学不会，"变态"的服务你学不会，激励制度你学不会，把员工当成家人的管理你学不会，这些是让海底捞成功的原因。

是的，这些原因很重要，但是更重要的原因，也是海底捞真正让你学不会的，是它的标准化。

海底捞做的是火锅生意，用标准化的底料实现了对味道的品控，又用中央厨房提高运营效率，保证菜品的新鲜。所以，当我们走进任何一家海底捞，味道都是一样的——好吃。

可复制的品类，可复制的运营，可复制的味道，才是成功复制餐厅的关键内核。

而找到看不见的东西，只是我们走向成功、做大做强的重要一步。

那么，成功究竟有没有方法论？当然有。万事万物，都有其逻辑。就连成功，也应该科学地成功。

很多人以为，做大做强是从 0 到 1，从 1 到 N。其实不是，完整路径是 0 → 0.1 → 1 → 10 → 1 → N → N+1。

当你发现一个未被满足的需求，找到一个痛点想要去解决，有了一个绝妙的点子和想法想要去实现时，你心里产生了创新的渴望，于是，你跨出了第一步。这是从 0 到 0.1。

但是，想法不重要，能把想法变成产品才重要。当你做出一个完整的产品时，才是完成了从 0 到 1。

接下来是从 1 到 10，这一步是寻求可复制性。当你做出了一个产品，成功开出一家店时，可以小步子地尝试扩张。找到可复制的关键内核，也就是我们前面说的找到那些"看不见"的东西，是这一步的关键。

然后，你需要从 10 到 1。是的，你没看错，不是从 10 到 N，而是从 10 退回 1。为什么？因为你需要提炼内核。小步子尝试是为了试错，试错是为了迭代，迭代是为了找到真正的成功原因，退回来是为了更进一步。

完成以上几步后，你才能真正地从 1 到 N。因为做出了产品，有过成功的经历，尝试寻找成功内核，也在市场上试错和经过验证，终于可以大规模复制。这时，你可以借助团队杠杆、资本杠杆、产品杠杆实现扩张。

最后，是从 N 到 N+1。这一步是转型。世界上所有的基业长青，都经历了一次又一次痛苦的成功转型。永远保持危机感，永远保持创新的意识，才有机会享受更长久的成功。

半秒洞察本质的人，注定拥有不同凡响的一生。如果能洞察本质，就能看见那些"看不见"的东西，找到真正的能力内核，获得成功。

万物得其本者生，百事得其道者成。能洞察本质、洞悉规律的人，更能事半功倍，举重若轻。

第 2 章

活力老人

中国将从轻度老龄化进入中度老龄化

在新榜和有道云笔记共同排名的"收藏价值微信公众号TOP10"中，"刘润"公众号有幸排在总榜第二。所以，"刘润"公众号的数据在一定程度上能说明大家在关心什么。过去这一年（2020 年 11 月～ 2021 年 10 月），"刘润"公众号上阅读量超过 10 万的文章总共有 170 多篇。我仔细看了这170 多篇文章的数据后，发现大家非常关心的很多变化其实都和一个慢变量有关。这个慢变量就是"人口"。

中国人民银行在一份报告里提到人口的重要性时说："如果把价格比作汽车，那人口就是邮轮。"是的，人口这个慢变量就像是邮轮，而且是万吨邮轮。它体型太大，开得太慢，以至于身处其中的你甚至无法察觉它在移动。当你意识到邮轮在动的时候，它可能已经出发很远了。

那么，这艘邮轮正在怎么动，又出发了多远呢？

2021 年 5 月，第七次人口普查数据正式公布。人口普查就是对"人口"这艘巨轮做例行体检。我国第一次人口普查是在 1953 年，然后逐渐常态化，慢慢变为每 10 年一次。

普查怎么查？挨家挨户上门查。人口普查要动用大约 700 万工作人员，在 2 个月内上门查完，最终将漏登率控制在 0.05%。所以，人口普查的数据非常有价值。

如图 2-1 所示，我们可以看到这次人口普查得到的一些数据反映出来的人口变化趋势。

- 增速放缓：年平均增速从 0.57% 下降到 0.53%。
- 男女均衡：出生人口性别比从 118.1 下降到 111.3。
- 家庭缩小：户均人口从 3.10 下降到 2.62。
- 流动明显：人户分离人口达到 4.9 亿，较 2010 年增长了 88.52%；跨省流动人口约为 1.25 亿。
- 城乡转移：城镇人口约为 9.02 亿，乡村人口约为 5.10 亿。
- 人口集聚：东部人口上升了 2.15%，西部人口上升了 0.22%，中部人口下降了 0.79%，东北人口下降了 1.20%。
- 少子继续：总和生育率为 1.3，育龄妇女的生育意愿子女数为 1.8。
- 老龄加深：60 岁以上人口约为 2.64 亿，65 岁以上人口约为 1.91 亿。

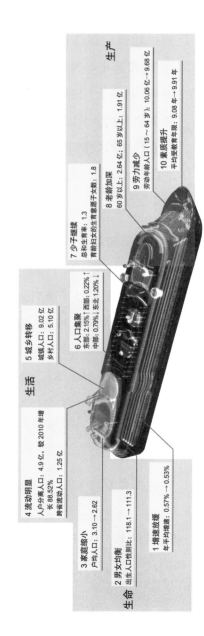

生产

8 老龄加深
60 岁以上：2.64 亿，65 岁以上：1.91 亿

9 劳力减少
劳动年龄人口（15～64 岁）：10.06 亿→9.68 亿

10 素质提升
平均受教育年限：9.08 年→9.91 年

7 少子继续
总和生育率：1.3
育龄妇女的生育意愿子女数：1.8

生活

5 城乡转移
城镇人口：9.02 亿
乡村人口：5.10 亿

6 人口集聚
东部：2.15%↑ 西部：0.22%↑
中部：0.79%↓ 东北：1.20%↓

4 流动明显
人户分离人口：4.9 亿，较 2010 年增
长 88.52%
跨省流动人口：1.25 亿

3 家庭缩小
户均人口：3.10→2.62

生命

2 男女均衡
出生人口性别比：118.1→111.3

1 增速放缓
年平均增速：0.57%→0.53%

图 2-1 第七次人口普查数据的变化趋势

- 劳力减少：劳动年龄人口（15～64 岁）从 10.06 亿下降到 9.68 亿。
- 素质提升：平均受教育年限从 9.08 年上升到 9.91 年。

但是，我们稍微整理一下就会发现：

"增速放缓""男女均衡""家庭缩小"这三组数据，是关于中国人的"生命"状态的，比如能不能找到另一半，如何组成家庭等。

"流动明显""城乡转移""人口集聚"这三组数据，是关于"生活"的，比如人们选择在哪里生活，靠什么生活，和谁一起生活等。

"少子继续""老龄加深""劳力减少""素质提升"这四组数据，是关于"生产"的，比如有多少人需要工作，养活另外多少人，用什么方式等。

我们着重来看看生产，而和生产最相关的是人口结构。

图 2-2 是 1950 年、2019 年和预测的 2050 年的中国人口结构图，数据来自联合国。中国人民银行的报告里，对它进行了分析。

人类的生命分为三段，分别是少年、成年、老年，其中，只有成年期能工作，能生产。所以，人类社会几千年的运行方式都是：成年人工作，养活老年和少年。这就是所谓的"上有老，下有小"。

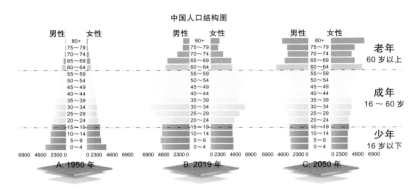

图 2-2 1950 年、2019 年和预测的 2050 年的中国人口结构图

资料来源：联合国。

所以，从生产的角度来看，这三段人口之间的相对数量关系和绝对数量关系这两者相比，相对数量关系更重要。这个相对数量关系就是人口结构。

1950 年，中国的人口结构是金字塔形，老年人占比少。所以，它的净消耗可由源源不断的、庞大的中间成年劳动人口的净产出来支撑，因此，人口不是经济增长的威胁。但此时，高出生率导致成年人要养的孩子多，这在一定程度上拖累了经济增长。

但是，到了 2019 年，中国的人口结构变成了长方形。随着老年人的比率越来越高，GDP（国内生产总值）增速持续下降。生育率虽然持续下降，但在这阶段表现出来的作用是不用养那么多孩子，所以负担小。而且，20 世纪六七十年代出生的大量人口仍处在工作阶段。所以，在这种状态下，我们仍然能够保持 6% 左右的 GDP 增速。

那么，2050 年呢？

如果没有巨大的调整，中国的人口结构将变成倒金字塔形。上面净消耗的老年人口，加上下面净消耗的少年人口，可能会接近中间净产出的成年劳动人口。社会总消耗巨大，这将对经济增长造成严重的影响。

所以，你现在应该理解为什么要多生了。

如果我们把连续若干年每年出生人口超过 2000 万叫作"婴儿潮"的话，1949 年后我国有过三次"婴儿潮"。

第一次"婴儿潮"是 1950 ～ 1958 年，年均出生人口达到 2077 万；第二次"婴儿潮"是 1962 ～ 1975 年，年均出生人口达到 2583 万；第三次"婴儿潮"是 1981 ～ 1997 年，年均出生人口达到 2206 万。⊖ 其中，第二次"婴儿潮"是单年出生人口规模最大的一次，有的年份出生人口甚至接近 3000 万。

中国现行的退休政策是，蓝领女性 50 岁退休，白领女性 55 岁退休，大多数男性 60 岁退休。那么第二次"婴儿潮"的起点也就是 1962 年出生的那些婴儿，什么时候全面退休？2022 年。

也就是说，从 2022 年开始，连续 14 年都会有大量的人口退休，"婴儿潮"变为"退休潮"。

根据国际公认的标准，65 岁及以上人口占比 7% ～ 14%

⊖　http://new.99.com/omn/20211014/20211014A0375O00.html.

为轻度老龄化，14% ～ 20% 为中度老龄化，20% ～ 40% 为重度老龄化。其实中国在 2000 年就已经进入轻度老龄化了。到 2022 年，中国将进入中度老龄化。

而与退休人口增加相对应的，是劳动人口在大幅减少。

我去广东一家制造业企业调研的时候，他们跟我说，过去从不缺人，想要招人了，就让保安在门口贴一张告示，大喊一声"我们现在缺人了，谁想来"，大门外就会站满了想要工作的人。为了保证公平，保安又喊一声"大家都把身份证从大门门口扔进来"，于是，上百张身份证哗啦啦地往里丢，保安随机捡三五张身份证，这几个人就是通过面试的幸运儿。那些运气不好的，很抱歉，下次再来。现在呢？他们摊摊手告诉我，根本无人可招。

你有没有注意到，过去这些年，各大城市纷纷放开自己的户籍政策，变得特别友好。郑州、宁波、珠海、南京，甚至上海、深圳……每个城市都拼命想让人才落户。如果详细列举的话，这串名单很长很长，未来还会有更多城市加入这一轮"抢人大战"。过去是户籍保护，"不让你进"；现在是大门敞开，"求着你来"。

有人说这是城市的房地产经济受到打击，想为城市注入更多新鲜血液和活力，让年轻人多买房子。其实，放大来看并非如此，真正的原因是人口遇到巨大挑战，年轻人越来越少。

在众多城市中，抢人抢得最厉害、最疯狂、最让我"瞠目结舌"的城市当数西安。据报道，2018 年西安专门开了一个誓师大会，誓要取得人才争夺攻坚战的胜利。西安的工作人员就在火车站办公，发现你是外地人，立马会跑上前问："你想落户西安吗？"只要你说一句"我愿意"，立马把你拉到派出所，10 分钟之内帮你办妥落户手续。用这样的办法，西安曾经一年拉了超过 75 万人落户。

"西安速度"释放出强烈的信号：劳动人口稀缺的问题正在导致城市之间产生激烈竞争。

经济发展要靠人创造，没有人是万万不行的。全国各地的"抢人大战"，让我们意识到劳动人口的稀缺。

劳动人口供给大大减少，退休人口急剧增加，我们把这两个变化叠加在一起看，会发现另一个惊人的事实：大约 10 年后，如果总人口没有太大变化，那么中国将从一个 9 亿人工作养活 5 亿人的国家转变为 5 亿人工作养活 9 亿人的国家。是的，我们的人口抚养比即国家非劳动人口与劳动人口的比例会从 5∶9 变为 9∶5。

未来可能发生的情况是，一对夫妇可能要养活 12 个人，不但要养活夫妇自己两个人，还要养活两个孩子、双方的父母，以及在世的爷爷奶奶和外公外婆。

一个国家，5 亿人可能要养活 9 亿无法工作的人。

一个家庭，2 个人可能要养活 10 个无法工作的人。

今天 9 亿给 5 亿人发养老金已经很吃力了。比如，据新京报报道[⊖]，黑龙江省的养老金账户已经"穿底"，亏空高达200亿元。那么，未来5亿人给9亿人发养老金，你觉得应该怎么发？

所谓岁月静好，不过是有人替你负重前行。今天9亿人背着5亿人，坚持一下，没问题。明天5亿人背着9亿人，怎么背，就需要真正的大智慧了。

"活力老人"计划

面对深度老龄化问题，我们该怎么办？

"进化论是地球上唯一可靠的成功学"，我们来看看地球上那些比我们更早进入老龄化的国家，看看那些国家的"达尔文雀"们进化出了什么参考答案。

美国是2014年进入老龄化社会的，但在此之前就经历过人口抚养比超过1∶1的阶段，一半的劳动人口抚养另一半非劳动人口。美国采取的做法是推行所谓的移民政策，比如开放大学，从全球招生，再如向全世界开放移民。

日本是1995年进入深度老龄化的，距今已经20多年了。日本是怎么解决老龄化问题的呢？

日本尝试了几乎所有你能想到的措施。关于"少子化"，

⊖ https://baijiahao.baidu.com/s?id=1586332200383277494&wfr=spider&for=pc.

日本尝试过生孩子就给钱，生孩子就放假，增加保育措施，甚至制订了海外移民计划；关于"老龄化"，日本尝试过延迟领取退休金，提高个人医疗费比，退休再就业等。有些措施是有效的，有些效果则不明显。而在所有这些措施中，有一项措施的效果越来越突显，这项措施就是"活力老人"（Power Senior）计划。

今天中国人的平均寿命大约是 77 岁。很多科学家、医学专家告诉我们，由于科技的进步、医学的进步，这个数字正在以每年 3 个月的速度快速提升。最终，中国人的平均寿命可以提升到 100 岁甚至 120 岁。如果人们普遍能活 120 岁，你 60 岁退什么休啊？你退休了，那无处安放的活力怎么办啊？

60 岁依然活力满满的老人，是"活力老人"。

去过日本的朋友都知道，日本的出租车行业有两个特点，第一是"贵"。我第一次去日本的时候，年少无知，从机场打车去酒店，走到一半的时候我的脸色就白了：打车费换算成人民币已经有 1000 多元了。

日本出租车行业的第二个特点是"老"。我第一次遇到的司机是位白发苍苍但动作矫健的老奶奶，她要给我拿行李，我吓得赶紧说："我自己来，我自己来。"

日本的出租车司机都很老，有多"老"呢？据 2020 年日本总务省统计，日本汽车修理工的平均年龄是 36.8 岁，工程师的平均年龄是 38.5 岁，而出租车司机的平均年龄高达 59.4

岁，接近 60 岁。

为什么？这就是"活力老人"计划的结果。把开出租车这些相对柔和的活儿留给这些"活力老人"，然后把稀缺的年轻人释放出来，让他们去做更需要创造力，更需要旺盛精力的工作。

2021 年 4 月，日本正式实施《老年人就业稳定法》，明确企业主有义务确保员工可以工作到 70 岁。你愿不愿意继续工作，是你的自由。但是如果你想继续工作，企业有义务帮助你。所以，"35 岁劝退"这样的事情在日本是违法的。

现在，日本依然在工作的活力老人越来越多。根据日本内阁府发布的 2021 年版《老龄社会白皮书》，2020 年，日本 60 ～ 65 岁的老人有 71% 在工作，65 ～ 70 岁的老人大约有一半（49.6%）在工作。

这对我们的启发是，不管愿不愿意，有些老年人可以干的活儿、柔和的活儿可能都会慢慢从年轻人手中移走。

为什么？因为年轻人一定会越来越贵。为了迎接即将到来的"退休潮"，我们要尽早学会如何用好"活力老人"。

比如，专车司机这样的工作可以让老年人来做。如果年轻人开车，他就不能去修车，不能去造车，不能去设计车。为什么打车的费用越来越贵，但专车公司还说自己不赚钱？因为用的是年轻人。也许，专车公司赚钱的希望就在这些活力老人身上了。

客服中心可以多聘用老年人。水电煤公司、移动通信公司还有各大品牌都有很大的呼叫中心，动辄几千人，甚至上万人。现在这些呼叫中心里有很多年轻人，他们接受培训，然后上岗，再到被气哭，最后离职，这导致很多呼叫中心投诉率和离职率双高。怎么办？用活力老人。

孔子说，"三十而立，四十而不惑，五十而知天命，六十而耳顺"。经历了 60 年风雨，还有什么可生气的？早就耳顺了——"孩子，别着急，慢慢说。我有的是时间。"我想，投诉率、离职率都会下降。

银行柜员也可以让老人来做。以前我看过一个劳动技能比赛类的电视节目，一个年轻的女孩子展示了一项绝技——数钱，她的技能令人叹为观止。最后，她获得了冠军，接受采访时她说："我要把这项绝技传下去。"

我的钱包里有 500 元现金，已经放了三四年没动过了。现金用得少了，数钱这项技能再炫目，也已经不重要了。把做柜员这件事交给活力老人吧，慢一点没事，正好可以让老人们活动一下筋骨，延年益寿。

还有空乘人员也可以由老人来做。我在微软工作的十几年里，频繁地飞美国。微软总部在西雅图，所以我坐得比较多的是美国西北航空的航班，后来叫达美航空。中国的飞机上都是年轻漂亮的空姐，但是美国的飞机上却大多是空奶奶、空爷爷。为什么？因为越来越贵的年轻人不断流向利润更高的行业。所以，中国的航空公司也许可以开始一项"退休空姐返聘计划"，这可以同时提升服务水平和利润。

研究完这部分，我非常兴奋。不管你怎么样，反正我的退休生活，我想好要怎么过了，我要发挥余热，把年轻人从这些工作里释放出去。

这将是一个科学家创业的时代

逐渐释放出来的年轻人该去做什么呢？好好发挥良好教育带来的素质优势，提高生产率。

什么是生产率？

我们先来看一个公式：总财富＝劳动力 × 生产率。

一个社会所能创造的总财富等于劳动力总量乘以每人所创造的财富。其中，"每人所创造的财富"就是生产率。

如果有 8 个人，每人每天能做 9 个馒头，那么，一天总共能做 72 个馒头。"8 个人"就是劳动力，"每人每天做 9 个馒头"就是生产率。

劳动力和生产率，哪个更重要？我们还是用数据说话。

麦肯锡（McKinsey & Company）2015 年发布的一份报告显示，从 2015 年往前 50 年，全球经济的增长来自劳动力和生产率的双增长。这在整个人类历史上都是罕见的。全球劳动力每年增长 1.7%，生产率每年增长 1.8%。你不要小看这 1.8%，这个数据相当于如果 50 年前一个人每天可以做 10 个馒头的话，现在可以做 24 个馒头了。

但是，从 2015 年开始往后 50 年，麦肯锡预测，劳动力增长会放缓到每年 0.3%。所以，如果想保持总财富增长的速度和以前一样，生产率必须提升到多少？

我帮你算好了。3.2%。

生产率从年增长 1.8% 到年增长 3.2%，这是非常不容易的。但劳动力增速下降已经成为一个必然的趋势，我们必须提高生产率。可是，我们的生产率有提高的潜力吗？

我们来看安永咨询（Ernst & Young）在 2010 年发布的世界主要国家的劳动生产率数据。从图 2-3 中我们可以看出，2010 年，美国和日本的劳动生产率大约为 7 万多美元 / 人，但是中国的劳动生产率却是 4000 美元 / 人，只有美国的约 5%。这一定会令很多人感到沮丧，但换个角度来看，这个数据也令人振奋，因为这说明中国的劳动生产率有巨大的提升空间，这意味着，我们可以通过提高劳动生产率的方式来对冲中国的老龄化。

怎么才能提高劳动生产率？几乎只能依靠一个东西：科技。

所以，这将是一个科学家创业的时代。

就像科技投资人王煜全老师所说："最好的企业家拿到最先进的科技专利，找到最具行业洞察力和执行力的人一起合作，找到最好的协作企业共同开发。在这个领域，将会诞生下一个时代 BAT[⊖]。"

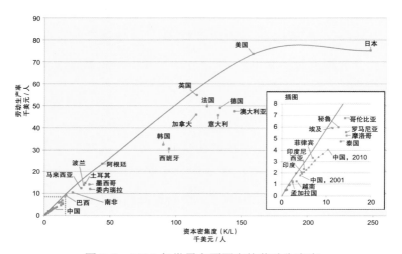

图 2-3　2010 年世界主要国家的劳动生产率

资料来源：安永，世界银行。

　　我有个朋友叫郝景芳，她是一位科幻作家。有一次，我们一起参加一个活动，我问她最近在忙什么，她说她最近在访谈很多年轻的中国科学家，他们都在做一些真正有价值的事情。

　　比如中科院类脑智能研究中心副主任曾毅，他研究的不是人工智能，而是"类脑智能"。人工智能虽然下围棋很厉害，但是在绝大多数地方智商可能还不如一个 3 岁的孩子。我们能不能模仿人脑，去构建"类脑智能"呢？今天，曾毅教授已经可以做到让机器人站在镜子面前，然后用激光笔打在机

⊖　百度、阿里巴巴、腾讯三大中国互联网公司首字母的缩写。

器人的脸上，机器人知道是打在了"我"的脸上，而不是其他长得一样的机器人的脸上。这个对"我"的认识，是绝大多数动物都做不到的。

比如清华大学物理系博士陈晓苏，他研究的方向是脑机接口。如何能在不侵入大脑的情况下读取你的脑电波？这项技术，他们的设备和算法现在全球领先。但是，读脑电波有什么用呢？可以治病。癫痫和帕金森病是两种典型的神经系统疾病，患者需要长期吃药，但是药又有副作用，如果能把脑电设备做得便携，就能减轻全球 6000 万患者的痛苦。

比如清华大学机械工程系教授季林红，他研究的方向是机械骨骼。什么是机械骨骼？就是在人体外建一套比人类骨骼更强，还受人的意识控制的力量系统，下骨骼负责跑跳，上骨骼负责抓取。这有什么用呢？我们都说快递和外卖小哥不容易，搬着一箱水送上 7 楼很累。那怎么办？外骨骼系统就可以帮助他们。

看到这些科学家的研究，我突然觉得很温暖。科学家是中国的脊梁。类脑智能、脑机接口、机械骨骼，难吗？当然很难，甚至不可思议。但是，所有理所当然的现在，都是曾经不可思议的未来；所有现在不可思议的未来，可能都是明天理所当然的现在。

感谢郝景芳记录着他们的故事，而他们的故事应该成为这个时代传诵的故事。

第三次人口红利，是高素质人口红利

人口问题决定着过去的发展，左右着未来的进程。

改革开放 40 多年，我们的突围腾飞，很大程度上是享受了人口红利。而现在，随着中国进入老龄化社会，红利逐渐消失，拐点越来越近。

是的，我们会面对挑战，也会经历阵痛，但有人说中国未来的人口问题是一场前所未有的危机，我却不赞同。

说这话的人看到的是"危"，却没有看到"机"。在我看来，中国至少有三次人口红利，第一次即将结束，第二次正在经历，第三次徐徐展开。这是属于中国独有的"历史机遇"。每次红利里都蕴藏巨大的商业机会，我们要对未来充满信心。

第一次人口红利，我称之为"供给侧人口红利"，也是大众、媒体、专家最常讨论的内容。

中国最大的一批人口大约是 1962 ～ 1975 年出生的。在这一波生育高峰里，中国一共出生了多少人口呢？约 3.7 亿，占今天中国总人口的 26% 左右。到了 20 世纪八九十年代，改革开放的春风吹遍大地，这批人正年富力强，成为建设的排头兵。这一代人大多数穿梭在车间和厂房，他们勤奋努力，忍受着还不成熟的、艰苦的工作条件和环境，用自己的双手改变着命运。

彼时的中国，"用市场换技术"，依靠着供给充沛且价格低廉的劳动力形成巨大的比较优势，在全球化发展中抢到位置，成为"世界工厂"。

这个时代涌现出了以联想、海尔为代表的一批优秀企业。他们用一锤子、一榔头的努力和毅力为自己的未来添砖加瓦，用一代人的青春为中国经济的腾飞打下坚实基础。

这群人创造了怎样的辉煌？改革开放 40 多年，中国 GDP 年均增长率 9.5%，其中相当长一段时间，GDP 年均增长率超过 10%。

第二次人口红利，我称之为"消费侧人口红利"，这是被部分人忽略的内容。

伴随着医疗技术、卫生健康等方面水平的提高，即使实行计划生育政策，中国的出生率也高于死亡率，人口一直在不断增加。时至今日，总人口已经超过了 14 亿。而那些当年奉献青春的人们慢慢长大，从生产第一线成长为中层管理者甚至站到了更高的位置，有一定社会地位和积累，开始享受生活。正是这些被吐槽、被嘲讽的中年人，成为中国最庞大的消费群体。他们的角色发生了转变，但依然做着独特的贡献。

以这些人为代表的 14 亿多人，在消费侧贡献了巨大的能量。一个重要表现是：中国正在超越美国，成为全球最大的消费国。

2018 年，中国消费品零售总额是 38.1 万亿元人民币，同比增长 9%，相当于 5.76 万亿美元。而美国同期的消费品零售总额是 6.04 万亿美元，非常接近。而 2019 年上半年，中国的消费品零售总额已经超过美国，成为"全球第一"。这反映和验证的是，中国有巨大的消费市场和消费能力，更重要的是，潜力还未被完全挖掘出来。

如果说第二次人口红利分为两个阶段，那么前半段也许是"粗放型消费"，就是人多、"买买买"，后半段则是"精细型消费"，从追求功能到追求体验和个性，这是品质企业的福音。我们会有新流量、新渠道、新产品、新品牌，这些都会带来新机会。

14 亿多人还有什么绝对不能被忽略的能量？

另一个重要表现是：20 世纪 90 年代初至 21 世纪初互联网崛起。

互联网的发展严重依赖以人口规模为基础的"网络效应"。越有价值，用的人越多；用的人越多，越有价值。

进入 21 世纪，互联网大潮成为时代主流，但是真正放眼世界，似乎只有中美两国在真正意义上抓住了最大的互联网发展机遇。

为什么？

美国有大约 3.3 亿人口，这是他们发展互联网的用户基数，接着依靠互联网的连接和效率，打破国与国的界限和藩篱，最终可以服务整个"英语世界"。像 Facebook、谷歌等公司的产品，在全世界拥有数十亿的用户。

而中国依靠 14 亿多人口，也形成了巨大的网络效应，在互联网和移动互联网时代抢到一张船票，航行远方。

那其他国家怎么办？靠自己。只能看自己有多少人口了。比如日本，只有 1.2 亿人口；比如德国，只有 8000 万人口……它们的互联网就相对很不发达。

而在中国，微信的月活跃用户早已超过 12 亿。12 亿，比美国、日本、德国的人口总和还要多一倍。

消费侧的人口红利，让那些心怀梦想的年轻人从默默无闻变得家喻户晓，马云和马化腾是这个时代的代表。阿里巴巴、腾讯，在今天全球市值最高的 10 家公司中占据两席。

前面提到的，是两次人口红利分别带给我们的机遇。有的人抓住了，有的人错过了，那么，未来呢？

有人说，现在人口问题已经足够令人担忧了，哪里还有机遇？其实，当我们对上一代人致敬和感叹时，难免悲伤甚至悲观，但是当我们把目光投向下一代时，会惊喜地发现，现在的年轻人值得期待，会让我们对未来充满信心。

因为我们依然有人口红利，第三次人口红利——高素质人口红利，我们依然有机会抓住新的历史机遇。

我们来看一组数据：2019 年，我国普通高校毕业生人数大约为 834 万。倒推一下，按照 22 岁大学毕业算，那么他们大约在 1997 年出生。1997 年中国新出生了多少人口？大约

1445 万。834/1445 ≈ 57.72%。这也意味着，这一代年轻人有一半以上都读过大学。

从宏观层面看，我们培养了一大批接受过高等教育的人才，和新中国成立之初人们识字率很低的情况相比，现在我国的基础知识结构有了巨大提升，国民素质也越来越高。

而中国目前一共有多少受过高等教育的人？大约 1 亿人。

1 亿人，是什么概念？前面提到，日本人口总共 1.2 亿，德国人口总共 8000 万。它们几乎倾举国之力，也才相当于我们接受过高等教育的人口。而随着中国大学继续扩招，这个数字还会继续增加，预计在 2030 年，中国接受高等教育的人口将超过 2.5 亿。

未来中国的竞争力，不再局限于低成本制造业，而是在真正的技术创新领域。

这个时代的典型代表企业是华为，而下一个华为，又会是谁？

我其实特别高兴，看见今天中国有很多企业试图抓住高素质人口红利，准备突围。旷视、依图、商汤、码隆、中科慧眼、飞步、Momenta、深鉴……这些企业的创始人都非常年轻，这些企业本身也青春洋溢。而还有一大批年轻人，正在以自己的方式做出贡献，享受时代的红利。

有个小姑娘叫金烨，是一个"厂二代"。她家在南通经营一家工厂，主营业务是服装代工，给 lululemon、SKLZ、

TRX 这些品牌代工。她学的是设计，本科就读于上海交大，后来到美国奥蒂斯艺术与设计学院读硕士。她本来有自己的人生规划，但是她母亲给她打了一个电话，说这个世界变化太快了，让她回来帮忙。于是，90 后的金烨毫不犹豫地飞回了南通，帮助母亲打理工厂。

接手工厂后，金烨这只"达尔文雀"立刻对家族工厂进行了革新。代工厂的核心是高品质、低成本，但中国人工成本的优势已经逐渐丧失，在不降低品质的情况下，如何才能保持低成本？金烨一直在思考。

金烨家工厂里有 45 台注塑机，这 45 台注塑机满负荷运转时，需要 45 个工人，这 45 人的成本逐年增高，导致工厂的竞争力下降。怎么办？她开始实施"机器助人"的改造。经过三轮改造后，工厂的生产线上只需要 10 ～ 15 个工人了。现在，金烨正在进行第四轮改造，改造完生产线上将只需要 3 ～ 5 个工人，接近全自动化。但是有些工作是无法做到全自动化的，比如缝纫，于是金烨就对其进行半自动化改造。对那些完全不能自动化的工作，金烨采取的方法是到柬埔寨开分厂。

就这样，金烨牢牢守住了自己的利润。

机器不可能完全取代人，但机器可以助人。当高素质的年轻人走上重要岗位，再加上机器人的帮助，我们就有机会大幅度提升制造业的生产率。

像金烨这样的年轻人，正是第三次人口红利的新机遇、新希望。

所以，我们逐渐从供给侧人口红利，到消费侧人口红利，再到高素质人口红利，谁看得见，谁能抓住，谁用得好，谁就有机会。

改革开放 40 多年，是洼地经济。红利成海，"下海"就能赚钱。

万物互联 20 多年，是平地经济。万物结网，"连接"成就枢纽。

未来科技 10 年，是高地经济。科技登高，"爬坡"才能制胜。

要关心年轻的劳动力，也要关心老去的老年人

企业在寻找尚未出生的顾客，社会在寻找尚未出生的人才，国家在寻找尚未出生的公民，年轻的人口的确重要。但那些逐渐老去的人们，同样重要。

我们不仅要关心年轻的劳动力，也要关心老去的老年人。

站在这些老年人的角度看，他们想要什么？我们的父母想要什么？甚至大部分 70 后、80 后的人们想要什么？

对老年人来说，他们想要的是不孤独、不生病、不掉队。

想要满足这三点，却需要多方的努力。

养老金、社会福利等问题，是国家的事情。专家们在提建议，政府也在想办法。比如，2021 年，工信部已经启动"互联网应用适老化及无障碍改造专项行动"，首批指导包括微信、支付宝在内的 158 家老年人常用的网站和 App 进行改造。以前，这些 App 你会用但老年人不会用，适老化改造就是让老年人也会用这些年轻人早就会用的 App。除此之外，工信部还将加强专项整治，会同相关部门尽快出台《移动互联网应用程序个人信息保护管理暂行规定》，加强技术手段建设，帮助老年人更快捷、更安全地享受智能服务。

这是政府的努力，而我们更需要关注的，是更靠近老年人的个人、社区、商业可以做点什么。

1. 个人应该做什么

在日本，不同养老方式的比例大致是"9631"——96% 的老人选择居家养老，3% 的老人选择社区养老，1% 的老人选择在养老院养老。

未来的中国可能也会是这个比例，而中国的家庭结构又大部分是"421"——一对夫妻，养 4 个老人和 1 个孩子。说实话，压力不小。所以很多人非常拼命，加班、熬夜，写报告、做方案、谈客户，吵架、扯皮，直到用签字笔在合同上签下名字，一笔单子终于谈成了，才稍稍缓口气，因为能给家人稍微安稳点的生活了。

确实需要一定的物质基础，才更能保证老人的身体健康。这很好，拼命努力，拼命存钱，是我们的责任。

但也许我们还能做得更好。因为大部分待在家里的老人看不见你签单后的庆祝，也听不见你胜利后的欢呼，他们想听见谁的声音，也许只能打开那台破旧的收音机；想看见谁的样子，也许只能翻看泛黄的老照片。

身体健康，心理孤独，可能是老人们更大的问题。

有一句话，我看完后特别有触动。老人们的孤独是一种什么样的感觉？"孤独，像关节炎一样疼痛。"如果可以的话，你可以捐献一点自己的时间吗？一个月有 30 天，也许有 4 天让他们享受天伦之乐就足够了。

2. 社区应该做什么

有一个故事，我一定要和你分享。这个故事来自浙江嘉兴图书馆。

嘉兴是一座有百万人口的城市，嘉兴图书馆是一家地级市图书馆，但它们的做法却真实、珍贵。

嘉兴图书馆有一个课程是专门教老年人使用智能手机的。如果一个老年人会用智能手机，那么他就能网购、打车、看新闻、看电影、和别人视频聊天……就能更好地融入社会。除此之外，嘉兴图书馆还教这些老年人如何制作电子相册，比如，如何拍照，如何添加文字，如何添加喜欢的音乐，如何进行简单的剪辑……学会了这些，他们就能记录和分享自己的生活。这是老年人新的生活方式，也是他们融入社会的方式。

老年人总是担心自己迟钝和笨拙，害怕自己被边缘化和成为被抛弃的那一代人。他们有时候距离这个世界过于遥远了。而失去对时代的感知，也就失去了对未来的参与感。所以，别让文化认知上的代沟成为老年人的一道无法跨越的天堑。

浙江嘉兴图书馆在 2019 年差不多组织了 160 场讲座，吸引了上万人次年龄从 60 岁到 89 岁不等的老人参与，帮助这些老人们参与到这个真实的世界中。

在这里，馆员们不会觉得"烦"，老人们也不会觉得自己"笨"。这并不难，花点时间，有点耐心，也许都能做得好。

3. 商业应该做什么

不孤独、不生病、不掉队，对应的解决方法是陪伴、健康和自我实现。但是，这不仅仅需要个人和社区的努力，更需要专业的商业力量。

很多人一提起"银发经济"，就会立马想到养老地产，盖房子、建养老院。这当然没错，不过可能想得太粗糙了。

老年人的需求，是分层的。

比如 50 ～ 70 岁，他们需要的可能不是养老院，而是保持健康和活力。

有一组数据：银发人群平均一年要买 4 次运动装备；京沪阿姨们每年平均要出游 3 次；在很多城市，老年大学的报名人数是招生人数的 4 倍；中国面向老年人的教育机构有近10 万所……这些老人们会到处旅行，会再上一次大学，会再创一次业，甚至会再结一次婚。

而 70 ～ 80 岁的老年人，他们的身体慢慢老化，会出现各种各样的小毛病。他们的核心需求，可能是有专业的可穿戴设备和必要的轻度照护。

到了 80 ～ 90 岁，他们可能身体一天不如一天，经常生病，也许还要去医院进行手术。这个时候他们需要的是专业的医疗机构。

而等到 90 岁以上，他们可能迎来了自己的"百岁人生"。无论最终是病故，还是自然老死，他们需要的是跨越一个世纪的临终关怀、一个慰藉，是有人告诉他们如何优雅地别离。

随着老龄化逐渐到来和加深，社会的需求在变化，机会也在变化。

未来这是多大的需求和机会？数十万亿的市场。所以，需要更专业的商业力量加入。

以刚刚提到的养老地产为例，我们需要思考和改进的还有很多。

比如，小区的电梯可以推进能让老人平躺的推床吗？

比如，卫生间给老人的扶手是根据人体高度和最省力的发力方式设计的吗？

比如，浴室里的地板、洗手台的尖端，对老人足够安全吗？

比如，厨房的台面足够低吗？坐在轮椅上的老人也能轻松料理吗？

…………

这些问题都需要商业的力量帮助解决。

还有适老化改造，从企业角度能否做出一些贡献？能。

适老化不等于字大，"老人"其实是一个复杂的概念，"老"是一个听觉、视觉、触觉、表达能力、理解能力等各种能力逐渐弱化的过程。如果你有过教父母用手机但怎么都教不会的体验，你就能更深刻地体会到"老"是一个什么样的概念。其实，你的父母之所以学不会，并不是因为手机的字体不够大，而是因为手机上的 App 没有从设计逻辑上"适老化"。比如有些老人的口音很重，说不好甚至不会说普通话，所以，Siri、小爱同学这类人工智能语音交互引擎根本听不懂他们的话。再如，有些老人不理解什么叫"返回"，不明白手机里的"home"键在哪里。这些问题通过"字大"是无法解决的。这同样需要商业的力量。

从某种角度来说，这也是创业者的机会，"适老化"可能会进化出一些完全不一样的"达尔文雀"。我母亲曾经发给我一个视频，视频的背景音乐是费翔的《冬天里的一把火》，我的照片在花团锦簇中旋转着。我当时就被眼前的景象震惊了。

后来我才知道，这是她用一个叫作"旋转相册"的 App 做出来的。很多年轻人可能都没有听说过这个 App，但它在老年人中非常流行。这就是你没见过但真正适合这个时代的"新物种"。

有人说，人类面临的三大难题分别是战争、饥荒和瘟疫，现在我们又面临第四个难题——老龄化。老龄化会对社会产生巨大的影响，教育、医疗、餐饮、房地产等各行各业都会发生深刻的改变。为了更好地照顾和帮助这些老年人，所有事情都值得重做一遍。重做的速度也许要更快，因为变老的速度会比我们想象的更快。

我们总以为人是慢慢变老的，其实不是，人是一瞬间变老的。社会也有可能是一瞬间变老的。因为变老的速度实在是太快了。

看看我们的父母，或者我们自己，也许你会有这样的感觉。

政府的事情，我们交还给政府。

商业的事情，我们交付给商业。

社区的事情，我们交回给社区。

个人的事情，我们需要好好交给自己。

除了关心未来的孩子，也要关心衰老的父母，也许还有我们自己。

第 3 章

数字石油

数据是数字世界的新能源

我们讲要提高生产率，有一件事情几乎可以提高所有企业的生产率，改变所有企业的行为，那就是数字化。

很多人都在说数字化。到底什么是数字化？我们为什么要数字化？

我先讲个故事。

亚尼夫·萨里格（Yaniv Sarig）是莫霍克公司（Mohawk，现更名为 Aterian）的创始人，被誉为快消品行业的颠覆者。什么是快消品？牙膏、肥皂、洗发水都是快消品，用完再买，而每次购买都是一次新的决策。为了不让消费者在下一次决策时移情别恋，快消品公司拼命打广告，占领你的心智。但这些都是成本，最终都折进了价格。萨里格说，一定要先做个产品，然后用巨额的广告费来进行宣传，让消费者喜欢这个产品吗？能不能反过来，先找到消费者喜欢的产品，然后再做这个产品呢？

可是，怎么找？一个个问吗？不用。消费者不用开口，数据会告诉你。

萨里格雇用了 50 个工程师，抓取亚马逊上的销售数据，然后对这些数据进行分析。他发现，在亚马逊上搜"牙齿增白"会出来 7000 个产品，这些产品的年销售收入加在一起大约是 1.6 亿美元。搜"木炭牙齿增白"，出来的产品加在一起年销售收入大约是 2200 万美元。销售收入都很稳定。但是，搜"牙齿美白笔"，搜出来的产品每年虽然只有 1000 万美元的销售额，但和几个月前相比，这个数据呈现出明显的上升趋势。这说明，消费者在向你大叫："我想买牙齿美白笔！"

销售数据能告诉你"我想买什么"，而评论数据能告诉你"是什么在阻止我付钱"。

有一次，萨里格监测到，某品牌的台式制冰机销量很好，但评论很差。在商品评价页面上，到处都充斥着负面评价——"几个月后，便时不时地不工作了""有时显示冰满了的灯会亮起，但是并没有满""用了一年半就坏了"。

消费者很想买一款产品，但质量问题却在阻止他们付钱，这里面就蕴藏着机会。

萨里格团队马上开始研究，结果发现，这些问题都是由抽水泵导致的。于是，他找到了制造商，立刻解决问题，并迅速在亚马逊上推出了自己的制冰机。很快，这款制冰机的销量就占据了亚马逊总销量的 1/4，并最终占据了搜索结果排名第一的位置。

为什么萨里格能成功？

因为他从消费者在亚马逊的购物行为里"开采"出了销售数据和评论数据。然后，再从这些数据里"炼化"出了"消费者喜欢什么产品"这个知识。最后，用这个知识赚到了钱。

这个过程是不是很像石油的开发过程？我们从地下"开采"出石油，再从这些石油里"炼化"出汽油，最后，用汽油驱动人类经济的发展。

在物理世界，长达数十亿年的地质运动把史前灭绝的生物埋入地下，使其形成石油，储量巨大。今天，石油是人类最重要的能量来源。

而在虚拟世界，人类每天会发出 5 亿条推特、2940 亿封邮件，在 Facebook 上新创建 4PB 数据，在 WhatsApp 上发送 650 亿条信息，在搜索引擎上进行 50 亿次搜索……到 2025 年，全球每天将产生 175ZB 的数据，储量也特别巨大。

175ZB 有多少？

1024KB 等于 1MB，1024MB 等于 1GB，1024GB 等于 1TB，1024TB 等于 1PB，1024PB 等于 1EB，1024EB 等于 1ZB，1024ZB 等于 1YB。而 175ZB，假设以网速 25MB/s 计算，把这一年产生的数据都下载下来，大约需要 2.5 亿年。

这些海量的数据里蕴藏着消费者的需求、痛点、偏好、习惯。它们就像石油一样等待着被开采，它们是提高生产率的新能源。

石油是物理世界的能源，数据是数字世界的新能源。

利用数据这种新能源赢得商机的故事有很多，我想和你分享三个非常有趣的小故事。

第一个故事的主人公叫萧磊，他原来是一名特种兵，后来做起了跨境电商，而且做得不错。萧磊就是从数据里看到了同行没看到的需求，并快速做出反应，匹配相应的产品。比如，2020 年 6 月，因为一次偶然的机会，萧磊发现了天猫 3C[⊖]影音类目下麦克风的机会。

当萧磊看到当时 3C 影音类目下"麦克风"关键词在生意参谋搜索数据中排第二时，这个数据马上引起了他的注意。他查看了一下历史数据，发现 2019 年 6 月麦克风的交易金额是 2.5 亿元，到 2020 年 3 月突然增加到 3.9 亿元，2020 年 6 月是 3.3 亿元。萧磊从这些数据中发现了一个非常重要的信息：用户对这款产品有需求，但是供给可能不足。他又把这种需求进行细分，发现大家对麦克风的需求其实有两种：一种是 K 歌需求，另一种是直播需求。然后，他迅速联系工厂生产这两款产品。

第二个故事来自"5 分钟商学院"的学员。这位学员经常去小区附近的一家小饭店吃饭，但是有一天，他发现这家饭

⊖ 3C 指 计 算 机（Computer）、通 信（Communication）和 消 费 电 子（Consumer Electronic）产品。

店不对外营业了。他很纳闷，就问老板："你们为什么不对外营业了啊？"

老板说，小饭店被某个餐饮平台收购了。

这位同学又问老板："为什么呢，你们现在赚得比以前多了吗？"

老板一听来了兴致，对这位同学说："这个平台确实厉害。比如，它给我们推荐附近最受欢迎的 20 个菜品，我就集中精力做好这 20 个菜品，果然外卖销量提升了 40%。因为只做外卖，没有了堂食，省了房租和不少工钱。网上订单量比较固定，就可以按量准备材料，因此损耗少了，又节约了成本。"总结来说，就是通过数字赋能，降低了成本，提高了销量，增加了利润。

平台在海量的"购买信息"和"评价信息"里粗炼出了"20 个最受欢迎的菜品"这个信息，饭店老板只要做好这 20 个菜品，就不愁没有订单。

第三个故事来自杭州的一家社区小店。这是一家开了很多年的社区小店，2018 年这家小店被改造成了"天猫小店"。改完之后，发生了什么变化呢？

天猫小店针对这家小店，推出了两项优化：

第一，推出一站式进货平台"零售通"。也就是说，这家店的经营者可以在阿里巴巴的"零售通"上订货，然后由天猫统一配送。天猫用自己的信用和溢价能力，武装了这些小店，解决了它们的进货价格和品质问题。

第二，借助"数据"帮助小店选品上架。比如，在这个社区里，有很多居民养狗，但小店没卖过狗粮，所以不知道这件事。但是，改成"天猫小店"的社区小店却拥有了一个优势：由于这家社区小店附近养狗的居民多半在天猫上买过狗粮，所以，天猫就能从"买狗粮的人"这个数据中开采出这家小店周围居民买狗粮的信息，然后告诉这个小区的天猫小店"你们应该多进点狗粮"，甚至还能具体到附近居民喜欢的品牌、规格等。小店根据平台的建议进货，果然卖得不错。产品好卖，库存周期就会缩短，资金使用效率就会提高。这样，这家小店的交易结构就被优化了。

这就是数字化的厉害之处，当你从数据里开采出"附近居民都有购买狗粮的需求，但附近商铺没有狗粮"这个信息的时候，就相当于听到了消费者在对着你大叫"我想买狗粮，赶紧去进货吧"。

你在感知这个世界时，这个世界也在感知你

数字化就是挖掘数字石油的过程，即从物理世界中开采出数据，粗炼为信息，精炼为知识，聚合为智慧，最终提高生产率。

数字化有四个关键步骤：开采、粗炼、精炼、聚合。这

四个步骤对应着数字化的四个产物：数据、信息、知识、智慧（见图 3-1）。

图 3-1　数字化的四个关键步骤及产物

绘图：华十二。

第一步是通过感知来开采数据，把物理世界抽象为虚拟世界的数据。通过这一步骤，我们对物理世界的感知会变成一段文字、一张照片、一段音频、一段视频。

数据本身没有价值，去掉照片里的无用信息，识别出来"这是一个人，那是一个体重计"，这才有价值。这就是从数据里"粗炼"出更有价值的信息。

但无论是体重的信息、体脂的信息，还是血压的信息、身高的信息，单独来看，每项信息的价值都不大。把这些信息放在一起，才能判断这个人是不是得了高血压。这就是从信息里"精炼"出知识。

知道得了高血压，怎么办？

用人工智能算法分析全球的诊断数据，为他推荐对他来说最好的治疗方案。这就是智慧。

衡量一个人或一个企业数字化水平的高低，就是看他或它从数字石油中开采的是数据、信息、知识还是智慧。

这个世界上，最会开采数字石油的可能要算苹果公司了，至少是其中之一。

毫无疑问，iPhone 是电子产品史上最成功的产品之一。真正让 iPhone 成功的，也许并不是颜值、性能甚至功能这些能让你感觉到 iPhone 存在的东西，而是让 iPhone 能感知到你存在的东西，这个东西就是传感器。

iPhone 一代划时代地使用了多点触控屏幕。这样，它就能感知到你在碰它，碰哪里，想干吗。近距离传感器能感知到你的脸离它是近是远，从而决定是否息屏。光度传感器能感知到你是在白天还是晚上用它，从而自动调节屏幕的亮度。加速度传感器能感知到你是不是在翻转手机，当你把手机横过来时，它会贴心地横屏显示。湿度传感器能感知到你的世界是不是在下雨。当然，还有最重要的麦克风和摄像头，它能"听见"和"看见"你的世界。

这才是 iPhone 成功的地方。通过这些传感器，iPhone 把感知到的你的世界进行了数字化。然后，它才会因为懂你而好用。

iPhone 一代大获成功后就一发不可收拾了。之后的每一代，都加入或者升级了越来越多的传感器。iPhone 传感器的进化史令人叹为观止。

你现在感觉，从 iPhone 一代到 iPhone 13 是越来越好看了吗？当然。是越来越强大了吗？当然。但更重要的是，iPhone 越来越"敏感"了。它越来越敏锐地感知你的世界，并把你的世界数字化。

这个世界正在被数字化，正在不断地被开采。你在感知这个世界的时候，这个世界也在感知你。

这有什么用呢？用处大了。

2019 年，我带领 20 多位企业家游学美国。我们在拉斯维加斯参观著名的 CES（消费电子展），看到一个"经过训练的智能摄像头"，当时同行的一位扫地机器人创业者非常激动。我问他为什么，他说，扫地机器人行业这些年在中国发展得非常好。但是，它和另外一个也发展得非常好的行业却不兼容，这个行业就是宠物行业。为什么？比如，如果小狗在地板上拉了一坨便便，而扫地机器人挥舞着刷子开过去，整个地板就难以想象。所以，小狗和扫地机器人，必须有一个接受训练。训练谁呢？就训练扫地机器人吧。用了"经过训练的智能摄像头"的扫地机器人，能感知家中常见的几十种物体，见到小狗拉的便便能自动避开，"惨剧"就不会出现了。

没有法律规范的市场，只会劣币驱逐良币

这一切听上去很好，但是，你有没有像我一样，心中产生了一丝丝担忧：这样开采数字石油，我的隐私在哪里？

有一年，我飞西班牙，途经阿姆斯特丹。落地后，我打开谷歌地图，想查查酒店离机场有多远。突然，我发现地图上的酒店位置写着我 7 月 12 日入住，7 月 15 日离店。我大吃一惊：谷歌地图是怎么知道我什么时候入住，什么时候离店的呢？

我赶快一查，原来，谷歌公司读了我所有的 Gmail 电子邮件后，发现了一封酒店的确认信，然后它就在我打开谷歌地图时"善意"地提醒了我入住和离店时间。

方便吧？但这种方便是用隐私换来的。

你说："那我就接受不方便，我就不让你碰我的隐私，行吗？"很难。现在的邮箱都有过滤垃圾邮件的功能。你想过没有，为什么它能过滤垃圾邮件？因为它"读"过你所有的邮件。

你说："那我不让它读，行吗？"这样一来，你每天工作 8小时，可能要花 7.5 小时从垃圾邮件里把工作邮件分拣出来。

便捷和隐私是一组非常复杂的话题。

2021 年 11 月 1 日是一个重要的日子，中国的《个人信息保护法》正式实施。这部法律是数字世界的基本法。

这部法律说了什么呢？我总结出了几个要点：

比如，如果有人要开采我的数据，需要我明确同意；如果我要把自己的数据移走，对方不能阻拦；如果我要删除自己的数据，对方也不能留存。

比如，禁止大数据杀熟，商家不能用我的数据来对付我。

再比如，平台有"举证倒置"的义务。举个例子，早上我刚陪太太去医院，查出她怀孕了，下午就接到十几家奶粉公司的电话。我怀疑是医院泄露了我的数据，但我没有证据，这时，就需要医院证明自己没有泄露这些数据。这将极大地降低消费者的举证难度。

这部法律的颁布是一件好事，因为一个没有法律规范的市场，就是一个劣币驱逐良币的市场。

比如，以前有些卖电子门禁系统的公司，产品卖得非常便宜。为什么？因为它们收集了大量的人脸数据，然后卖给其他公司赚钱。这样，电子门禁系统的销售价格就可以很低。而那些因为不倒卖数据所以价格便宜不下来的好公司就活不下去了。这就是劣币驱逐良币。

《个人信息保护法》出台后，那些真正把门禁做好而不去倒卖数据的公司，将迎来发展。以后，开采数字石油就有法可依了。"正规军"的时代汹涌而来。

所有"柠檬市场"里，都有巨大的数字化机遇

数字化的第一步是开采，第二步是粗炼，也就是将模糊的、不可度量的数据提炼为精确的、可度量的信息，就是使数据从传统的"金木水火土"转变为现代的"氢氦锂铍硼"。

如果能用"可度量性"来理解商业世界，我们再看很多行业都会感觉豁然开朗，会发现这些行业都可以重做一遍。

比如牛肉。你去菜市场买牛肉，会怎么挑？你会挑那些肥瘦相间的。但到底什么样的才叫肥瘦相间？多肥多瘦相间？这是很模糊的，卖家的操作空间很大。

但澳洲牛排把这个市场重做了一遍。澳洲牛排制定了严格的、可度量的分级标准，根据脂肪的多少和分布均匀与否，牛排被分为 M1 ～ M9 共 9 个级别。你去买牛排时，可以直接和商家说"我要一块 M9 级的牛排"。这样，浑水摸鱼的空间就被消除了。"肥瘦相间"是数据，"M9"是信息。

再比如颜色。2020 年 12 月，潘通色彩研究所公布 2021 年的流行色是极致灰和亮丽黄。如果你正好在装修，你想配一张这两个颜色搭配的沙发，你怎么和设计师沟通呢？如果你对设计师说"我的沙发要极致灰和亮丽黄"，设计师一定会感到非常头疼：到底什么是极致灰，什么是亮丽黄？聪明的你可能会找到一幅照片给设计师看，让他参考，但他还是会感到头疼，因为照片也会偏色。

但潘通用数字化的方式解决了这个问题。潘通把每种颜色都赋予了一个色号，极致灰是 PANTONE 17-5104，亮丽黄是 PANTONE 13-0647。你只要把色号给设计师，他就知道你要的是什么颜色，就能为你设计出你想要的颜色搭配方案。

信息是提纯了的数据。商业世界中的很多创新，本质上都是通过"降噪"的方法，把数据提纯为信息。

所有没有可度量标准的行业都容易鱼龙混杂、鱼目混珠，比如牛排、玉石、茶叶、古董、珠宝、沉香等。经济学上把这种"劣币驱逐良币"的市场叫作"柠檬市场"。而所有"柠檬市场"里，都有巨大的数字化机遇。

从信息到知识，是数字化的关键一步

从模糊的、不可度量的数据中粗炼出信息，然后呢？数字化的第三步，是从信息里精炼出知识。

比如，小明的体重是 180 斤。请问：根据这个信息，是否能判断小明不健康呢？不能。最好还有别的信息做参考，比如身高。

如果小明和姚明一样，身高 2.26 米，那么 180 斤也不算超重。可是一测，小明的身高是 1.8 米。这就有点问题了。但这就一定不健康吗？也不一定。最好还有一个信息，比如体脂。

用体脂秤一测，可能发现小明的体脂很低。为什么？因为他身上肌肉很多，这说明他其实很健康。

你发现没有，只有把信息比如体重、身高、体脂等放在一起，才能"精炼"出"健不健康"这个真正有用的知识。

从信息到知识，是数字化的关键一步。

我举两个例子。

第一个例子是新潮传媒。

广告营销界有句话："我知道我的广告有一半是浪费的，只是不知道是哪一半。"为什么不知道？因为信息不精准。

新潮传媒创始人张继学对我说，他们在投放一个奶粉广告之前，会先看一看小区附近这种奶粉的百度指数。主动搜索多的，就重点投放。投完之后，再看这种奶粉在京东店铺的销售数据。成交变化大的，增加投放。把线下、搜索、电商这三个信息源放在一起，新潮传媒获得了"精准用户在哪里"这个知识。通过这样的方式，这个奶粉广告的投放效果提升了 130% ～ 217%。这就是把信息粗炼为知识。

张继学说，会用这些知识扶持 30 个品牌成为"中国新潮品牌"，帮助他们做成百亿、千亿级企业。

第二个例子是飞书。

飞书是字节跳动旗下的先进协作与管理平台。这个平台确实先进，我们现在的项目进展、会议、资料，都可以用飞书管理。即使我在家，也能通过飞书与同事协同。当我需要任何信息时，我就在文档里 @ 相关同事，他会立刻收到通知。然后，他把我需要的信息补充进文档，打个"√"表示完成，再继续工作。

通过"用 @ 集结，用 √ 解散"的方式，每个人脑海中的信息就协同了起来，最终形成了知识，这种方式特别高效。

张一鸣很喜欢 Netflix 的一句名言："Context，not Control（场景，而不是控制）。"吴声老师有个场景实验室，他说，创新必须发生在场景当中。他说的场景就是"Context"，具体的环境。

在一个组织里，信息通常具有双重属性：权力和资源。当一个员工把信息当成自己权力的基础时，他就会刻意阻碍信息的流动，并以此控制不知道这些信息的人——"我知道，而你不知道，所以，你要听我的。"这对他个人是有利的，但会极大地伤害组织的决策能力和创新能力。

而当一个员工把信息当作公司的公共资源时，他会不断地推动信息的流动。因为他知道，自己掌握的信息可能会给别人的工作带来很大的帮助。把彼此掌握的信息都公开地放在桌面上，作为"场景"，作为具体的环境，让大家一起来讨论，这样，做出来的决策才是最有利的。这对个人提出了更高的要求，但是对提高组织的决策能力和创新能力都很有帮助。

所以，一定要让信息流动起来形成知识，因为只有信息自由流动的企业才有创造力。

那么，知识是不是数字化的最高形态呢？依然不是。数字化的最高形态是智慧。

把知识聚合为智慧，才能做出更好的决策

知识很重要，但是孤立的知识的价值是有限的。只有当知识彼此碰撞，互相激发，才能产生令人眼前一亮的智慧。

这就是数字化的第四步——聚合，把知识聚合为智慧。

信也科技的创始人、董事长顾少丰是我在微软的老同事，当时我做部门主管，他做技术主管。他对智慧的定义我非常认同，他说："智慧就是用更低的成本，做更好的决策。"

比如银行贷款。如果要用 5 个人审 3 天，才能判断一笔5000 元的贷款能不能放，就不够"智慧"。虽然安全，但成本太高。金融天生数字化，一定能基于数据、信息、知识这些数据石油炼化出一些真正的智慧。比如，信也科技就在用"信也魔方"协助银行开发新的风险模型。这些更智慧的模型能做到几乎零成本在一秒之内为 99% 的借款人匹配资金。

2021 年 10 月，埃隆·马斯克宣布将推出自己的 UBI（Usage Based Insurance，基于用量的保险）车险产品，正式进军保险行业。并且，有可能在 2022 年把业务扩展到纽

约。在 2020 年的三季度财报说明会上，马斯克就曾说："保险将成为特斯拉的主要产品，保险业务价值将占整车业务价值的 30% ～ 40%。"

什么是 UBI 车险？举个例子，我每年要出很多差，在上海的时间不多。就算在上海，我也不喜欢开车，而喜欢叫专车。请问，我那辆车几乎不开，但每年还要交 7000 元的保费，合理吗？我觉得不合理。我不开，就不会产生风险，凭什么要和那些上路的车分担风险呢？车险是不是可以不按照年来买，而是按照公里数来买呢？而 UBI 车险就是基于用户实际驾驶行为的车险。

为什么传统的保险公司不这么做呢？因为它们是中心化的保险机构，手上只掌握"社会统计数据"，没有关于每个人的"个性化大数据"。每年上海出多少起交通事故，65 岁以上老人得老年痴呆症的概率是多少，这类数据是社会统计数据。中心化的保险公司的精算师再厉害，基于社会统计数据也算不出来针对个人的最优保险定价。就拿公里数来说，保险公司也很难掌握，万一有人在仪表盘上作假呢？这些信用风险无法防范。而车厂装在车里的不可篡改的 OBD（On-Board Diagnostic，车载诊断系统）设备却可以保证数据的可信性，有效防范个人信用风险。

所以，要做 UBI 车险产品，必须掌握大数据，而且是个性化的大数据。

但是问题来了，每公里如何定价呢？

这就要依靠从数字石油里开采、粗炼、精炼、聚合出的智慧了。

整车厂通过预装的 OBD 设备，可以从你每天的驾驶行为里开采出大量的行车"数据"，然后粗炼出有价值的"信息"，比如你猛踩刹车的次数，你和前车是否始终保持安全距离等。然后，再精炼出谁的行车习惯好这个"知识"。最后，用人工智能的"智慧"自动做出降低保费的决策。

可能有一天会出现这样的场景：

车厂给我打电话："您的车险要到期了，要不要换成我们的保险？"

我问："我一年保费 7000 元，你们多少钱？"

客服小姑娘说："我们便宜，才 2000 元。"

我说："这么便宜，为什么啊？"

她说："因为我们的数据显示您的行车习惯特别好，而且基本不开。"

我一听特别高兴，赶快打电话给我一个朋友，他和我同一天在同一家 4S 店提的同一款车。我朋友听完后，也立刻打电话给车厂的客服，说："我要买保险，就是你们卖给刘润的那款，2000 元的那款，我的车和他的一样。"

客服小姑娘查了一下后说："对不起，您在我们这里买保险的话，要 1.2 万元。"

我朋友一听："为什么啊？"

她说："因为您经常漂移。"

我朋友非常生气，说："那我不买还不行嘛。"

于是，他继续在原来的保险公司买。然后，渐渐地，那些行车习惯好又不怎么开车的车主，会越来越多地被车厂拉走。为什么？因为车厂掌握着个性化的数字石油。

2017 年，我发了一条朋友圈，说未来主流的车险公司都是车企开的，因为它们从车主行为里开采出了数字石油，并从中炼化出了定价的智慧。

从物理世界中开采出数据，粗炼为信息，精炼为知识，聚合为智慧，这就是数字化。

2022 年将是数字世界有基本法的第一年，也是良币驱逐劣币的第一年。有了这部法律的护航，我们将迎来一个喷薄而出的数字石油时代。

第 4 章

新消费时代

新消费时代正在到来

2020 年一季度，因为新冠肺炎疫情，中国的消费降到了冰点。但是，下半年很快复苏，最终，2020 年中国的消费总量甚至超过了 2019 年。2021 年，LVMH 集团总裁兼 CEO 伯纳德·阿诺特一度取代了亚马逊创始人兼 CEO 杰夫·贝佐斯，夺得世界首富的冠冕。这些看起来毫无关联的事件说明什么？说明消费的世界正在发生一些非常重要的变化。而这些变化，就在我们眼皮子底下大量催生的新物种。

有一个创业者叫张贤峰，跑步是他最大的爱好。他跑完人生的第一次半马之后，感到非常有成就感，这时，那个帮他记录跑步路线的 App 弹出了一条这样的信息：恭喜你，太厉害了。需不需要申请一块为这条路线定制的奖牌，纪念一下？

这块奖牌叫"百分百跑者"，张贤峰很喜欢这个名字，因为他有一句座右铭："选择了，就百分百热爱，百分百专注。"

所以他毫不犹豫地回答："好啊，贵吗？"价格不贵，只需要几十元钱。

那为什么不来一块呢？于是，后来张贤峰几乎每跑一条路线都会申请一块奖牌。有些有趣的路线，他还会申请两块奖牌，比如"玫瑰花"路线，因为他想在情人节的时候送给太太。但是注意，所有的奖牌都不能直接"买"，你必须跑完这条路线，才能付费申请，不跑完是不能申请的。

然后，张贤峰就越跑越多。他跑了很多有意思的路线，比如中国的杭州西湖线、成都宽窄巷子线、台湾垦丁线和尼泊尔的大本营线，等等。最后，你猜猜看，他"付费申请"了多少块奖牌呢？400多块。

看着他那挂满一墙的奖牌，我问他："你一共花了多少钱？"

他说："加上各种其他花费，大概3万多元吧。"

腿是自己的，路是免费的，但申请奖牌却要花3万多元。其实，这些奖牌在淘宝上可能花2000元钱就能买全，但是张贤峰花了3万多元，还觉得很值。那么，从2000元到3万多元，多出来的2.8万多元，他买的是什么？买的是"只要我喜欢，没有值不值"，换句话说，就是体验。

以前，我们愿意花钱买功能，买东西的时候看的是这个能吃，那个能穿。但是今天，我们更愿意花钱买体验，即使这个东西不能吃、不能穿、不能用也没关系，只要喜欢就行。

这个变化越来越明显。为什么？因为我们有钱了。

我们来看一组数据。2020 年，中国的 GDP 大约是 101.6 万亿元，如果按照 6.45 的汇率来计算，折合 15.75 万亿美元。我们不看总量，看人均。中国人口有 14.1 亿，两个数字相除，可以得出 2020 年中国的人均 GDP 是 1.12 万美元。

那 2021 年呢？

联合国预计，2021 年中国 GDP 的增长率会在 8.2% 左右。我们四舍五入，按照 8% 来算，2021 年中国的人均 GDP 可能会达到 1.21 万美元。这意味着什么？

2021 年 7 月，世界银行公布了一个最新标准：人均国民总收入（GNI）达到 1.27 万美元的国家，就是"高收入国家"。GNI 是在 GDP 的基础上，加上本国居民在国外创造的价值，同时减去外国公民在本国创造的价值。不过，通常来说，GDP 和 GNI 相差别并不大。这意味着，当中国的人均 GDP 达到 1.27 万美元时，我们就会成为高收入国家。我们距离高收入国家的边界线，就差一点点。

2022 年，我们有很大可能会迈过这条线。用香帅老师（唐涯）的话说："2021 年，我们站在了高收入的边界线上。"

这个时间点非常有标志性意义。虽然我们的收入不是在一夜之间增加的，我们的消费习惯也不是在一夜之间改变的，但是，它依然标志着中国正在出现越来越多的张贤峰，标志着一个新消费时代的到来。而这个新消费时代会带动新一轮的经济增长。

为什么？

我们知道，一个国家的 GDP 增长是由"三驾马车"拉动的：投资、消费和出口。但是，在不同的历史阶段，这"三驾马车"的重要性是不一样的。回顾过去的 20 多年，或者说自 21 世纪以来，我们的经济增长其实经历了三次动能转换——从 2001 年的出口拉动经济，到 2008 年的投资拉动经济，再到现在的消费拉动经济。

2021 年 5 月，在 2021 中国新消费发展论坛上，中国（海南）改革发展研究院院长迟福林发表演讲时说：2012 ~ 2019 年，中国社会消费品零售总额从 21 万亿元涨到了 40 万亿元，年均增长 10.94%。2020 年，因为新冠肺炎疫情，这个数据比 2019 年下降了 3.93%。但到了 2021 年，又开始反弹，预计到年底，有可能恢复到 2020 年之前的速度。所以，按照这个趋势来看，2021 年，中国可能成为全球最大的消费市场。

而在未来 5 年，我们的消费总额每年的增长幅度大约是 9.5%。2025 年，消费总额可达 55 万亿~ 60 万亿元。这对于 GDP 增长来说，确实是非常重要的拉动。

所以，不管是从微观消费行为的改变，还是从宏观消费动能的改变来看，新消费时代都正在到来。

那么，怎么抓住这个机遇？

在过去一年里，我调研了很多新消费公司，拜访了很多创始人，也和很多做新消费投资的投资人进行了深入的交流。我慢慢发现，这些"达尔文雀"们之所以能脱颖而出，是因为它们身上有三个共同的标签——新模式、新渠道和新品牌（见图4-1）。我开始有种隐隐约约的判断，抓住新消费的机遇，就是做好这三件事情。

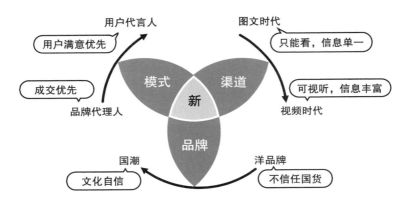

图 4-1 新模式、新渠道和新品牌

绘图：华十二。

从品牌的代理人变为用户的代言人

新消费的第一个"新"是新模式。

什么是新模式？新模式就是转身，面向用户，从品牌的代理人变为用户的代言人。

有一次，我在金华和若缺科技的创始人胡炜聊天。

到了金华，我才知道，横店和义乌都隶属于金华，这两个地方的知名度甚至远大于金华，所以有"浙江的金华，中国的横店，世界的义乌"的说法。这个地方的人都特别会做生意。我问胡炜："你是一家金华的房地产营销公司，为什么想做我们这样一场面向全国甚至全网的大会的战略伙伴呢？"胡炜说："因为我觉得，你们是在做非常有意义的事情。你们在传递很多'对'的东西。我觉得应该去帮助。"

我问他："我们传递了什么你认为最'对'的东西呢？"

他说："'做用户的代言人'，这句话让我太有感触了。我们的使命也和这句话很呼应，我们的使命是'以科技赋能，成为老百姓信赖的一站式购房服务商'。虽然看上去，我们是在帮开发商卖房子。但其实，我们是在帮消费者买房子。"

我很好奇："这个有差别吗？"

他说："差别太大了。差别就在你是代表谁的利益。帮开发商卖房子，不管房子好不好，成交就好。但是帮助消费者买房子，满意远大于成交，因为你是用户的代言人。"

"做用户的代言人"，这听上去是不是像句口号？但是，在新消费时代，我们看到很多企业的快速成功，都是因为从品牌的代理人转变成为用户的代言人。

我举两个例子。

中国有几位非常知名的罗老师，我有幸认识其中两位：罗永浩老师和罗振宇老师。

2020 年，罗永浩老师开始在抖音做直播电商。一开始，有些人对他还很怀疑，但今天，我想他的成功大概已经没什么争议了。为什么？因为据说他欠的 6 亿元基本上已经还完了。这让很多人羡慕，也让很多人嫉妒。

他是怎么做到的？其实在第一场直播的时候，心里藏不住事的罗老师就已经把自己所有的商业机密都告诉大家了，这个机密就是"基本上不赚钱，交个朋友"。

基本上不赚谁的钱？基本上不赚消费者的钱。为什么？交个朋友啊。你们要买啥？哦，要买这个，好。然后，他就带着几万、几十万的朋友，一起浩浩荡荡地去找品牌商：看，这些都是我朋友，有一个算一个，他们都想买你家的东西。你看，这么多人，给个面子呗，便宜点。

所以，罗老师的商业机密是什么？是做用户的代言人。

直播电商的本质，不是帮品牌商卖东西，而是帮消费者买东西。

2016 年，我非常有幸开始和得到合作"5 分钟商学院"等系列课程。到 2021 年为止，我一共更新了四季内容，有幸获得了超过 60 万的付费用户。但是大家越信任我，我越是感觉如履薄冰。于是，我不断地向罗振宇老师和脱不花花姐请教如何做好内容。

我发现，我学到的所有东西都可以浓缩到一个问题里面，这个问题就是：如果得到用户和刘润同时掉进水里，你们猜，罗老师会先救谁？

这个问题，很难猜。因为猜不出来，伤脑；猜出来，伤心。

其实答案显而易见：肯定是得到用户。如果罗老师自己也掉进水里，要花姐选救谁，花姐肯定也是救用户。

总有朋友问我，和得到合作有什么体会？我回答说，我最大的体会是他们真是对老师太好了。每次去，创始人都会亲自把你送到电梯口，然后有事没事地给你寄东西，满足你的一切合理或者不合理的要求。

但是，你必须把这些"好"加倍地"还"给用户。

有一次，我把一篇稿子交给我的主编。他看完后，在微信上对我说："润总，您的这篇稿子实在是太完美了。但是，如果您一定要我在鸡蛋里面挑骨头的话，我有如下 99 点意见。"

"我对你好，所以我也恳请你和我一起对我的用户好"，这就是"面向超级用户，春暖花开"。

用"短视频＋直播"把所有产品都重卖一遍

新消费的第二个"新"是新渠道。

你知道我现在买东西最多的平台是什么吗？是抖音。这可能和我不负责购买家里的日常用品有关。

我经常出差，晚上睡觉前，觉得一天好辛苦，我会刷 20

分钟抖音放松一下，然后再睡觉。可是，刷着刷着，不知不觉就刷了 2 个小时。有一次，我刷到一个人在大口大口地吃拌饭酱，我想不明白他怎么能吃得那么香。看着看着，我突然感觉饿了，然后就忍不住下了单。

这样的事情经常发生，所以每次出差回家，家里都有很多我的快递。有时候，我都不记得我买过这些了，但是在买的那一瞬间，我是真的被打动了。

我觉得我是个挺理性的人，但为什么也会这么容易被影响？

因为，影响我们消费决策的"依据"升级了，而我们还没有升级。

影响我们消费决策的唯一依据是信息。比如，当你去逛街的时候，看到一件西装是蓝色的，这是信息。你摸一摸发现它是羊绒的，觉得很喜欢，这也是信息。你翻一翻价格标签，看看买不买得起，结果发现价格还行，在你能承受的范围内，这还是信息。于是，你让服务员拿一件给你试一下，发现还挺合身，这依然是信息。最终，你会依据你所获得的所有"信息"来决定买还是不买。

信息在互联网上的传播，经历过三个时代：文字时代、图片时代和视频时代。

最开始，在网速还不快的时候，我们主要通过文字来传递信息。但是，文字的信息密度很低，很难讲清楚一些复杂的事情。所以，最初我们只能在网上卖一些简单的东西。比如书，当消费者决定买或者不买一本书的时候，只需要获得书名、作者、目录以及封面这些信息就可以了。

后来，网速快了，我们可以传照片了，而且还是高清的照片。照片的信息密度比文字要高很多，所以，这时候我们可以在网上卖衣服了。当消费者看到一件衬衫穿在模特身上非常好看，并且觉得穿在自己身上一定也不错时，他就会做出购买决定。照片能传递的信息量，是文字做不到的。

再后来，网速更快了，快到我们可以拿着手机随时随地刷视频甚至看直播。这时候，我们可以在网上传递的信息的密度就更高了。比如，如果你要卖一款沙发，你想说明这款沙发非常结实，就算一个200斤的胖子在上面跳来跳去都没问题，你应该怎么来传递这个信息？那就找一个200斤的胖子来跳就行了，然后拍成视频，就像我在抖音上看到的那个拌饭酱一样。视频传递的信息量，是文字和图片永远无法做到的。

从文字到图片再到视频，传递信息的方式越来越多样，传递给消费者的感觉、细节也越来越丰富。

所以，新渠道可以用"短视频＋直播"把所有产品都重卖一遍。

我举个例子。

刘媛媛是北大法律系硕士，她因参加《超级演说家》节目，获得了第二季总冠军而被大家所知道。毕业后，她开始创业，现在的主业是直播卖书。

刘媛媛先是"5个月卖书卖了1亿元"，2021年9月27日又开启了"亿元专场"直播，这场直播的销售额近亿元，号称"喊来了中国出版社的半壁江山"。

这是怎么做到的？首先，当然是低价，而且是极低的价格，当时，刘媛媛打出的宣传语是"爆款书突破双十一价格""50万册书破价到10元以下""10万册1元书"等。其次，这场直播卖的产品90%都是童书。刘媛媛在开播前曾说："图书品类的短视频流量偏低，只有部分产品达到极致价格，才能吸引人。"

这样卖书还有利润可言吗？

我们以前讲过，一本书从写完到卖给消费者要经历四个环节：作者、出版社、印刷厂、书店。每个环节都要付出成本，以获取收入。这样的交易结构传统且低效。所以，当互联网进入这个领域后，直接冲击甚至打击了这种传统模式。当当网、电子书、得到知识服务平台针对各个环节"一对一"打击，因为它们不仅效率更高，而且成本更低。

于是，书越来越难卖了。直到"直播卖书"这种形式的出现，卖书又变成了一个新的机会。不仅仅是刘媛媛在直播卖书，今天很多人都在直播卖书，樊登在卖书，李国庆在卖书，杨天真在卖书，俞敏洪在卖书……

这门生意是如何运转起来的？

直播卖书能卖得好的一个重要原因就是便宜。比如，在抖音上大部分书的售价一般是 5 折。5 折是什么概念？我写了不少书，作为作者，我找出版社买自己写的书，购买折扣都要 6 折或者 5.5 折。谈判能力非常强的作者才能拿到 5 折。如果售价是 5 折，那么抖音的主播们拿书是几折呢？我问了一些出版社的朋友，这些主播们的拿书折扣一般是 3.5 折。

3.5 折相当于出版社把自己的利润空间几乎全部让出去了。因为一本书售价 5 折，剩下的 50%，出版社大约要支出作者版税 10%、图书发行成本 10% 和印刷成本 15%。留给出版社的钱，只剩 15% 左右，但现在这 15% 都让给主播了。

所以，直播卖书对出版社来说几乎是"擦"着成本做的，出版社为什么愿意这样做？

这是因为，首先，直播会带来更多的传播。在直播间，一本书会获得更多的曝光，出版社也能有更高的知名度。其次，清理库存。比如在刘媛媛的"亿元专场"里，"1 元书"的供货商二十一世纪出版社集团提供的《森林报》原本计划的是 9.9 元秒杀，但后来在直播时临时改成 1 元秒杀。出版社之所以愿意承担这个差价，是因为当天卖的《森林报》是2010 年的版本，在库房里已经躺了 10 年，而且新版已经上市了，需要清库存。

书其实是一个非常好的售卖品类，因为它是标品，售后问题也比较少。不管行业怎么变革，只要找到适合的新渠道，就有新机会。直播的方式就是一个很好的卖书新渠道。

很多年前，我和我的前老板、微软大中华区原副总裁曾良聊到对未来的判断时，他预测，未来的互联网上有80%以上的数据流量将是视频带来的。当时我有点不信，今天我信了。而且，今天我越来越觉得，视频可能是"经典互联网"的终极媒体形态。

人有五感，即听觉、视觉、触觉、味觉和嗅觉。味觉、嗅觉、触觉在短期内无法上网，但到了元宇宙（Metaverse）时代，或许可以。

什么叫元宇宙？"meta"这个词根，可以翻译成"元"，也可以翻译成"超越"。"metaverse"其实不是关于宇宙的宇宙，而是超越现实的宇宙，意思是由于VR、AR、MR技术的发展，我们在现实的宇宙外多出了一个虚拟的宇宙。虚拟宇宙"延展"了，或者说"超越"了现实的宇宙，也就是"超宇宙"。"超宇宙"才是更准确的翻译，但今天大家都叫它"元宇宙"，所以我们还是用"元宇宙"来称呼它。

元宇宙会使我们的感官得到延伸，因此，未来的场景可能是：我们每个人都戴着VR眼镜，戴着触感手套，穿着触感紧身衣上网。你想做一套西装？来，摸摸这个面料，纯羊绒的，很柔软，很舒服吧？再套上试试，怎么样，暖和吗？这种方式增加了触觉，大大提升了感觉的真实性。

但是今天，在"经典互联网"的世界里，这种方式还是行不通的。经典互联网只能把信息加载在听觉信号和视觉信号上。今天我们能在互联网上传递的所有感官体验，虽然很丰富，但其实还是只有视觉和听觉两种。

而"听觉＋视觉"就是视频。这个视频，可以是 3D 视频，也可以是 VR 视频，但都是视频，也只能是视频。

所以，未来已来，你必须拥抱，尽快用"短视频＋直播"的方式把所有产品都重卖一遍吧。

品牌的基础是信任

新消费的第三个"新"是新品牌。

润米咨询有一个非常好的合作伙伴——未本设计，它的创始人叫林翀。林翀和他的团队给我最深刻的印象就是用心，让人不得不服的用心。

我们 2021 年年度演讲的 LOGO（标识）就是未本设计的。为了设计这个 LOGO，他们集体学习了进化论，然后准确地设计出了那三种最有特征的喙。这是很不容易的。

除了这次大会的 LOGO，我们的每款造物产品，比如小洞茶、5 号酒、鲜碾米、《勤商日历》，也都是他们设计的。这些产品都特别受欢迎。

有一次，我问林翀：作为一家品牌设计公司，你觉得品牌的基础是什么？他想了想说，是信任。

怎么理解信任？我举个例子。假如有两瓶药，长得一模一样，配方也一模一样，效果也一模一样，都能治感冒，唯一的差别就是其中一瓶上面写着"同仁堂"，你会买哪一瓶？大部分人都会选同仁堂。为什么？因为信任。你相信同仁堂说的"炮制虽繁必不敢省人工，品味虽贵必不敢减物力"是认真的。

虽然同仁堂的药可能会贵一点，要花更多的钱购买。但是，如果买其他产品，一旦被骗，人们不但要付出金钱的成本，还要付出健康的成本。这就是为什么大部分人会宁愿从价格更高的同仁堂买药。

理解了这一点，也就能理解为什么现在出现了一个所有人都能明显感觉到的趋势——国货崛起。元气森林、花西子、完美日记这些国货，几乎是突然之间就发展起来了。

为什么会出现这样的趋势？因为中国人越来越信任中国人了。我们比从前任何时候都更加相信自己，相信自己文化，相信自己的产品，相信自己的品牌。

这种强大的信任基础，垫在所有国货下面，使其逐渐升高。这是建立新品牌的大好时机。

但发展新品牌并不容易，尤其对于国货来说。刚好，前段时间我和劲霸男装的董事、品牌副总裁龚妍奇龚总进行了一次交流。聊完之后，我发现劲霸男装作为新国货关于如何打造品牌有不少洞察。

　　为什么都说劲霸男装定义了中国夹克？这是因为劲霸男装发现了一个很重要的问题，这个问题其实和中国大的经济历史发展脉搏有关——劲霸男装很重要的用户之一是创业创富群体，这些人可能是改革开放后的创业者，是努力拼搏的中小企业主。你能想象到，他们一定特别忙。一个经常发生的场景是，他们前脚刚刚去聊生意、去签合同、去办文件，转身就要回到自己的办公室干活，回到自己的工厂点货。那么问题来了，他们需要穿一件什么样的衣服，在谈事的时候非常合适、得体，在干活的时候又非常舒适、方便？也就是说，既要能商务休闲两用，又要能体面省时省事。

　　这个问题很重要，他们太忙，时间太宝贵了。劲霸男装发现，只有夹克能满足他们的需求。他们需要这样的衣服，劲霸男装就逐渐改进，设计出了具有中国特色的版型，他们叫它"中国茄（夹）克"。

　　其实，还有很多这样的重要场合，都要求衣着既不能太拘谨，又不能太随意。比如，你要去见未来的岳父大人，你说衣着重不重要？很重要。但是，你穿西装吗？太严肃了。穿运动服吗？又太随意了。怎么办？穿一件夹克吧。这就很合适，能让对方看得出你对细节的考虑、对品质的追求和对别人的重视。因此，也更容易给对方留下一个好印象。再比如，参加重要的饭局，为了获得投资的路演，毕业论文答辩……在这些场合，你都不能犯错。因为一旦犯错，付出的代价太大了。

而劲霸男装用更高的性价比，帮助用户解决了这样一个至关重要的问题。

为了能把一件看上去普普通通的夹克做好，劲霸男装做了很多研究和努力。

劲霸男装希望做出来的夹克在各种场合都能穿，而且能突出中国男人的特点。他们把这些特点变成对夹克的要求，归结为五个方面：领袖肩背胸。

当你拉开拉链的时候，领子应该自然外翻，不能松松垮垮。这样，整个人看起来更自信从容，不会邋里邋遢。

袖子，应该是合体袖的剪裁。你想想，如果很多衣服的袖子都是支棱着的、散着的，看上去一定没有质感。劲霸男装对于袖子的要求是像一个人的手臂一样自然垂到两侧，能和身体贴合在一起，这样才会更圆润、舒适。

肩膀，应该有担当。所以，劲霸男装不会用太复杂的线条和设计，但是希望肩膀看起来更加平阔。

后背要线条利落，这样在视觉上才更加刚毅。

前胸也是一样，看起来要更挺拔，这样才能胸怀天下。

而想要达到这样的视觉效果，突出这样的特质，在专业上，就要依靠版型的设计。

为了能更适应中国男人的体型，劲霸男装专门设计了不同的版本，比如合身版、修身版、常规版、廓形版。不管你是什么身材，穿上劲霸男装的夹克都特别合适。而且，劲霸男装还根据数百万客群的体型样本，独创了 9 段放码体系。

　　放码在服装领域里面是很专业的事情。简单来说，纸样师傅做出衣服的头样后，还需要再根据不同规格的档差，把不同尺码的纸样做出来。这样，才能让不同高矮胖瘦的人都能穿。这个过程，就叫放码。放码，一般有一个通用的规则，比如每多放 5 厘米，袖长要增加多少，腰围要增加多少，都是规定好的。但是，这样不一定真的合身。你穿 L 码，我也穿 L 码，虽然都是 L 码，但是我们的体型不一样，你偏瘦，对你来说，衣服就大了一点；我偏胖，对我来说，衣服就小了一点。总之，穿上不是完全合身，这当然会影响体验和视觉效果。

　　为了避免这一点，劲霸男装根据自己客群的体型数据，做了一套专属于劲霸的 9 段放码体系。这样，放码更精细，劲霸夹克也更有包容性。

　　一个中年男性，假如他有小肚腩，你不可能让他减肥后再来穿劲霸，所以，不管是什么样的身材体型，都要有一件合适的夹克。劲霸夹克的包容性很好，胖的能藏肉，瘦的能显型。这就是为什么劲霸夹克跟市场上的夹克乍一眼看起来差不多，其实穿起来大不同。

　　现在，劲霸男装已经积累了上万夹克版型库，而且还在持续地更新优化。

而除了版型，男装想要做得好，还有一点特别重要，就是面料。面料好不好决定了产品好不好。

在服装这个行业，其实熟悉供应链体系的都知道，一些高端面料只有特定的工厂才能生产，而且每年产量就这么多，给这家做了可能就没办法给那家做了，很多都是专属定制的。但是劲霸男装通过这么多年的积累，已经和一些非常知名的供应商建立了很好的合作，所以能够拿到真正的好面料，甚至每一季还有一些专属的面料。面料好，做出来的东西才能好。

除了面料，劲霸男装在辅料上也下了不少功夫。根据不同款式、不同面料的衣服，劲霸男装会配不同的辅料。如果这件夹克的风格比较刚毅，拉链可能就会搭配得更有粗犷感；如果这件夹克的风格比较温润，拉链可能就会搭配得更丝滑，更有触感。即使在这样的小细节上，劲霸男装也做得足够用心。

一件夹克，除了版型好、面料好，颜色也一定要好。颜色合适了，整体的感觉会更好。

为了能让夹克颜色更适合中国男性的肤色，劲霸男装每季的色彩研发都要经过不同地域、不同肤色、不同身材的中国男性试色分析。在色彩体系上，劲霸男装甚至还会结合色彩心理学对色彩进行定制化的饱和度、亮度处理。哪怕同是藏青色的衣服，劲霸男装的藏青色都会去做一些特定的饱和度等调整，通过视觉的心理投射，使消费者达到更好的身心愉悦。

为了"劲霸男装，专注于中国茄（夹）克"这句话，劲霸男装投入了太多太多。像劲霸男装这样的国货，勤恳、扎实、执着地做了这么多年，一点点建立自己的实力，一点点建立自己的认知，逐渐打造出了自己的品牌。

消费者选择这些品牌，是因为对它们更加信任，也更加放心。因为他们知道，这些品牌不会出错，这些品牌能有稳定的、高质量的交付，这些品牌能真正解决他们的问题。

希望你能从劲霸男装的故事里学习到什么，或者，感受到一种力量和坚持。

往前看，才能冲出赛道

如今，新消费这个赛道已经变得炙手可热。听说，很多做人工智能的投资人都去做新消费了。

但机会往往属于那些有预见性的人。在这之前，在新消费还是创投圈冷门时，有一位叫黄海的投资人已经投了好几年了。

黄海是谁？他有两个角色，角色一是一级市场投资人、新消费的投资人，角色二是消费行业的研究者、观察者。作为投资人，他参与投资了中国咖啡品牌"三顿半"，而且还是首轮投资人。短短三年，三顿半发展迅猛，它的最新估值已经达到 45 亿元。

我问黄海："你当时为什么会投三顿半？"

黄海笑了，说这要从一通电话讲起。

时间回到 2018 年。那个时候的黄海已经关注咖啡赛道一段时间了。为什么看好这个赛道？他说，因为咖啡很有意思。它的消费场景非常丰富，既可以在家喝，在办公室喝，商务社交场合也需要。这让咖啡行业有两条路可以走，一条路是往体验型消费的方向走，另一条路是关注产品本身。体验型消费卖的是生活方式，咖啡只是其中一个载体。而关注产品本身，就是关注咖啡这种产品能带来什么机会。

说是机会，是因为咖啡有成瘾属性，年人均消费量非常大。美国的年人均咖啡消费量是 300 杯，日韩的年人均咖啡消费量超过 200 杯。但是中国的年人均咖啡消费量却很低，不超过 10 杯。这说明中国人的咖啡消费才刚刚开始，还有很大的空间可供挖掘。

当时，咖啡赛道里已经有一个公司跑出来了，就是瑞幸。瑞幸打掉的是星巴克的线下体验部分。黄海想，除了在线下体验方面进行超越之外，还有什么方法吗？就咖啡产品而言，雀巢是一个很重要的标杆企业，有没有谁能在产品上比雀巢做得更好？是否可以向着更便携、更方便的方向进行创新呢？

　　经峰瑞资本李丰推荐，黄海拨通了三顿半创始人吴骏的电话。两个人聊完之后，黄海发现，这个创始人挺有想法的。他说，想围绕咖啡文化来做一个品牌，现在已经做出了一个精品速溶的产品，而且这个产品在市场上还没人做过。

　　这引起了黄海的好奇。于是，过了几天，黄海就飞到了三顿半所在的长沙。来到这个公司后，黄海发现整个公司布置得就像一个咖啡馆，只不过它不对外营业。吴骏说，这样做是为了激发团队的创造力。

　　在这里，黄海看到了吴骏之前提起的产品，这是一款颜值很高、非常吸引人的咖啡产品，包装特别有设计感，不是用普通塑料袋装的，而是用大约 3 厘米高的彩色小圆盒，上面标注着不同的数字，每个数字代表不同风格的咖啡，从 1 到 6，烘焙度由浅到深。

　　吴骏说，这个包装可不是拍脑袋拍出来的，而是做了好几稿测试出来的。看用户对哪个反馈最好，不断和用户去交流互动，最终才得出了这样的设计。他还说，早期，让用户喜欢你比让更多的用户知道你更重要。

　　同时，这个产品还满足了"喝一杯既方便又好喝的咖啡"的需求。以前的速溶咖啡里会加奶精和糖，这些三顿半都不加。冷萃速溶的技术让三顿半的产品可以用冰水、冰牛奶来冲，还不用搅拌，晃一晃三秒钟就自己溶解了，这样就把用户使用这个产品的场景和时间拓宽了。这正是黄海想要的"更多场景，更便携、方便"。

而且，黄海还注意到，吴骏特别注重消费者洞察，重视和用户互动交流。他会在一些垂直社区（比如下厨房平台）和达人、重度用户分享自己的想法，与他们互动，让他们参与到测试中。整个团队也很尊重用户，真心在用户体验上下功夫。

在好的赛道，有巨大的市场需求，创始人洞察力强，又已经做出了落地的创新产品……这些都深深地吸引着黄海，所以，与三顿半的合作就很顺利地谈下来了。

后来，如黄海所料，三顿半果然一下子就打开了市场。

我问黄海："你投中了三顿半，你怎么这么厉害？你是怎么做到的？你看新消费背后的逻辑是什么？你一定有方法论。"

黄海说："我是85后，我发现现在95后、00后的年轻朋友，他们一年的花费可能是我的5倍。我是说日常消费，不算买房、买车那种。这可能要上溯到我们父母辈的差异。我的父母是60后，是苦过来的一代人，他们从小就教育我要勤俭节约。而95后、00后的父母是70后，家庭条件更好，他们感受到的经济压力更小。所以，在这些新人群的成长过程中，消费不是一个要去特别控制的概念，他们也没有被灌输很强的节约意识。中国的新消费从这几年开始，有它的道理。这缘于人群的迭代，也就是所谓的'新人群'。"

说得真好，这让我想到，以前我去小米参访时，联合创始人刘德讲了一个故事。他说，有一天他去麦当劳，点完餐之后，他跟服务员说"给我两张餐巾纸"，服务员小姑娘抓了一大沓餐巾纸塞在了他的纸袋里，不是一两张，是厚厚的一沓。刘德老师说："我看到这个场景之后，激动得一宿都没睡着觉。"因为他看到了新消费时代到来的一个信号。

为什么？因为他和我一样是 70 后。我们这一代人如果在麦当劳做服务员，有人问我要纸巾，我会先看看他们一共有几个人，有几个人就给几张纸巾，没必要浪费。现在的年轻人会给你一沓，因为他们不觉得这东西多一张少一张有什么大不了的。这和公司有没有规定无关，与消费习惯的不同有关，他们是没有贫穷记忆的。

我是 70 后，我是有贫穷记忆的，我们的父母也有。但 95 后、00 后生活在物质丰富的年代，他们是没有贫穷记忆的。所以这一代人长大之后，他们的消费习惯发生了改变。他们只为自己的兴趣买单，为颜值买单。我们这一代人不理解甚至看不惯的东西，却是新世代人的日常。新世代长大了，开始消费了，消费就升级了，这为新消费提供了土壤。

年轻人是新消费的核心驱动力。人群发生变化之后，新的消费场景出现了，产品也会随之发生变化。新产品一定是为新人群、新场景而设计的产品，这个产品，要有颜值，有非常新奇的功能，能满足特殊场景。谁能真正理解产品的新变化，做出符合新世代需求的产品，谁就能快速打开场景。

　　黄海之所以选中咖啡品牌也正是因为咖啡天生是多场景的，它能容纳的玩法创新和场景变异比较多。比如，胶囊咖啡要卖得好，得搭配场景，家里得有胶囊咖啡机。这种方式在中国就显得太笨重了。因为这个场景，没有机器是做不到的。于是，挂耳咖啡、冷萃速溶、冷萃液成为更适合中国人的场景切入方式。然后，在风味上做到极致就行。从场景出发来理解新产品，是三顿半获得成功的秘诀之一。

　　说到新产品，我想起之前和另一位投资人冯卫东聊天时他说的"品类分化"概念。

　　什么叫"品类分化"？我们以鞋这个品类为例。我小时候去超市买鞋，说自己要买双运动鞋就行了。现在，如果你说要买运动鞋，营业员会问你，要买球鞋、登山鞋还是跑鞋？这就叫品类分化。

　　为什么会分化？因为随着消费力的增强，每一个细分的小品类的体量都已经足够支撑一个产业了。消费进一步提升之后，又可以再分化，比如球鞋可以分为篮球鞋、足球鞋、羽毛球鞋、高尔夫球鞋等。

　　冯卫东说，随着消费体量的增加，品类就像树上的果子一样，会不断地分化，然后掉下来。

　　比如咖啡。一开始，咖啡分为两种：速溶咖啡和现磨咖啡。现磨咖啡过去的典型代表是德龙咖啡机（De'Longhi）、辣妈咖啡机（la marzocco），后来又演变出了胶囊咖啡和咖啡馆。而咖啡馆这个分支先是出现了星巴克，后来又分化出了瑞幸。速溶咖啡过去的典型代表是雀巢，然后又出现了罐装即饮咖啡，今天又落下了冷萃咖啡这颗果子。

不光产品发生了变化，渠道也发生了变化。黄海说，这个渠道指的不仅仅是销售渠道，更是与用户连接的通道。它有两个比较大的特点。第一个特点是存在红利，因为是新崛起的社交平台，所以有巨大的市场红利。比如，钟薛高最早花 20 多万元在小红书平台进行营销所达到的效果，今天可能要投放 1000 万元才能达到。第二个特点是双向互动性，这是传统渠道所不具备的一个特性。新渠道是能跟用户互动、玩起来的渠道，特别适合现代年轻人的风格、品位，这对建立品牌会有事半功倍的效果。

基于这两点特征，黄海还发现了两个非常重要的现象。

一个现象是成图率。

他说："如果有 100 个用户买了我的产品，有多大比例的人会在消费过程中、消费后拍照在自己的朋友圈或者微博上分享呢？下厨房平台的创始人曾经跟我说，当时三顿半在和种子用户互动时，用户的晒图率特别高，比其他产品高出一个数量级。大家特别愿意拍照分享，这就增加了双向互动性。成图率是衡量用户是否愿意自发传播的重要指标，它的背后是分享带来的新增用户的比率。"

另一个现象是站内流量和站外流量。

什么叫站内流量？你买了直通车，天猫会把你放到某一个位置上，分发流量给你，你是消耗天猫的流量的。但如果你有能力从站外拉来更多人去关注三顿半，比如你通过小红书将用户引流到天猫，这种由你带来的流量，就是站外流量。

现在天猫的策略是流量匹配机制，也就是说，一个商家能带多少人进来，天猫就会再匹配多少站内资源给这个商家。因为天猫自己的流量是卖给商家的，但它总是有限的，所以它不希望商家只依赖于站内流量，而是希望商家能引入一些站外流量，这些站外流量它也可以同步使用。这意味着，你的流量不仅仅是平台给你的，也来自这种新渠道或者新社交平台的转化。

在 2019 年、2020 年天猫已经没有流量红利的情况下，三顿半依然能从天猫崛起，凭借的不是天猫这个平台，而是在下厨房、微博、小红书、朋友圈这些双向互动的阵地上的耕耘。

因此，新品牌能够崛起，关键在于懂得通过各种各样的新渠道赢得流量。

人群很新，场景所带来的产品创新很新，渠道也很新，熟谙、善用这三个"新"是作为研究者的黄海的另一把"刷子"。

而这三个"新"也给今天的消费结构带来了巨大的变化。巨大的变化带来了生态结构的改变，也带来了新的生态位。老品牌，可能由于过去在投放路径上产生了依赖，当新东西出现之后，它一时半会儿转不过身来。而这时，因为投资人具有战略眼光，能看到趋势，能捕捉到机会，新品牌冲出了赛道。当然，也有一些人，可能仅仅因为运气好，撞到了一个生态位上。但无论何种原因，这个时候，最有机会成就新品牌。

这就是黄海与三顿半的故事：投资人看准了赛道，创业者拥有产品洞察力，坚持互动文化和创新精神，谱写出了一个精彩的独角兽故事。

后来，我问黄海："就像你曾经看好咖啡行业，你觉得下一个赛道是什么？下一个冲出来的公司长什么样？"

黄海举了三个例子。

第一个例子是中式滋补品。

中式滋补品与西式保健品之间有一个很明确的区别。西式保健品更像药片、药丸，中式滋补品则与食材相关，讲究的是食补。黄海说，在这个领域，产品形态有很大的创新空间。比如，要吃花胶，往往需要提前 48 小时浸泡，把花胶泡开了才能去炖。这不是年轻人愿意承受的时间，他们也不愿意花心思去做这样的事。但这反而带来了一个机会点：如果有公司能把它年轻化，让吃花胶这件事变得更便捷，就能挖掘出巨大的市场空间。

还有一个机会点是朋克养生，也就是边作死边养生。滋补品可能不只是中老年人会消费，现在越来越多的年轻人也感兴趣。这不是一个凭空创造出来的需求，一直有传统公司在做，但传统产品形态和现在的新用户不够匹配。

用户年轻化，产品形态创新，能更好地利用社交媒体、新渠道，有这几种特质的行业，值得用新消费的逻辑去重新塑造一遍。

第二个例子是首饰和配饰。

在黄海看来，这个行业有一个特点就是特别大且特别分散。几千亿元的市场规模说明市场需求是巨大的，不用重新创造需求。分散说明在这一领域没有特别大的新品牌。虽然也有像周大福、施华洛世奇、潘多拉这样的传统企业，但方法和渠道都比较传统。

其实，首饰和配饰与这两年新消费领域最火的一个方向——化妆品有异曲同工之妙。化妆品行业已经有很多公司发展起来了，像完美日记。化妆品行业为什么能出现新品牌呢？这是因为越来越多的大学生、中学生开始化妆了，这已经成为一种生活方式——新人群有了。这一行业还出现了视觉化的互动方式，比如像李佳琦卖口红这种直播方式——新渠道也有了。这样，新产品的机会就出现了。首饰、配饰也是一样。

第三个例子是家具家居。

咖啡、滋补品和首饰都是"高频、轻决策"的，消费者看完小红书，马上"种草"，马上买。家具家居却不同，它是

"低频、重决策"的。消费者很少会在被"种草"了以后第二天就买，这种情况几乎不可能发生。

为什么这个行业值得关注和思考呢？因为投资人要往前看。回到人群消费的生命周期这个点来看，95 后现在年龄最大的已经 26 岁了，有些人可能已经结婚生小孩了，未来会有越来越多的 95 后建立家庭。他们在家具家居的审美风格和产品需求上跟上一代人大不相同，代际差异足够明显。这种新人群和老人群区别越大的行业，用新消费品牌去重新塑造一遍的可能性就越大。

同时，线下家具卖场这个渠道也比较传统，已经越来越难激发购买欲，这是这个行业的痛点。

行业痛点大，改造难，低频、重决策……这几个因素叠加在一起，带来的是新的机会点。未来几年里，这个赛道上一定会有新消费的公司冲出来。

早在 2015 年，整个创投圈还处于投移动互联网的热潮中时，黄海就开始从事消费投资，关注新消费。现在，新消费变热门，而他投的三顿半和其他一些项目早已冲出赛道。

谁占领了用户情绪，谁就占领了用户钱包

在新消费时代，消费领域正在发生一些非常重要的变化。比如，以前我们买东西，更关注商品的功能、性价比，但现

在，越来越多的人为喜欢买单，为热爱买单。比如，奢侈品那么贵，还有那么多人排着大长队去抢购。比如，在平安夜，一个苹果居然可以卖到十几元。比如，我们公司有喜事，会点喜茶庆祝。

其实这些购买行为的变化，有一个非常重要的因素——情绪价值。

有一次，我碰到百胜中国的高管，我问他们："最近生意怎么样？"他们说："最近一段时间必胜客的生意更好了。"

百胜中国经营的品牌有很多，包括肯德基、必胜客、小肥羊、黄记煌……它们的生意也一直不错，但是，为什么那段时间必胜客的生意更好了？原因你可能想象不到。当时临近中考、高考，很多父母都带着孩子去吃必胜客，因为他们希望孩子"必胜"。必胜客提供了一种情绪价值，寄托了亲朋好友对考生的祝福和期待，就像中秋吃月饼祈求团圆一样。

所以，产品的情绪价值到底是什么呢？

你一定有过这样一些时刻：看了一部温情的电影，感觉自己得到了抚慰；心情不好，你打开 App 点了炸鸡和奶茶，在享受美味的过程中得到了治愈；买到一款很有设计感的衣服，你心情愉悦，朋友看到后也都夸你有品位，好心情持续了很久；你是某奢侈品牌的忠实用户，最近买到了最新款，它让你与众不同，收获了极大的满足感……

其实，在购买这些产品时，用户最在乎的不是产品的功能价值，而是因为拥有这款产品而收获的愉悦、满足的心情。
这就是这些产品在满足基本功能之外带给用户的情绪价值。

　　你可能经常听到这样的话——"喜欢吗？喜欢就买。""千
金难买我乐意。"当用户在为快乐、喜欢、热爱买单时，就是
在为产品提供的情绪价值买单。

　　所以，情绪价值到底能让人多疯狂！

　　美国经济学家凡勃伦根据这个现象提出了"凡勃伦效
应"，即商品的定价越高，越能畅销。比如，款式、材质差
不多的服饰，在普通的服装店可能只卖 100 元，但进入大商
场的柜台后，会卖到几百元，却有更多人愿意买。1.88 万
元的眼镜架、8.88 万元的纪念表、188 万元的顶级钢琴……
人们之所以愿意买这些"更贵"的商品，是因为这些"更
贵"的商品为用户提供了一种情绪价值，满足了用户炫耀的
心理。

　　有人特别喜欢一个品牌，是因为它感性的品牌故事，比
如矿泉水品牌百岁山；也有人喜欢的是品牌背后的设计，比
如 LV 包包经典耐看的图案、GUCCI 时装的性感奢华，会让
拥有它们的人看起来很有品位；还有人喜欢品牌带来的满足
感，比如 LV 的包、Burberry 的围巾，有了那些经典的标志，
别人才知道你用的是大牌。

　　那怎么做才能让你的产品拥有更高的情绪价值，让用户
更愿意为它付费呢？

1. 创造能让用户认可情绪价值的场景

我和贾伟老师曾经进行了一场直播对谈，聊到他们为海底捞做的自热火锅。自热火锅很重要的一点在于能为用户提供情绪价值，是一款解决孤独的产品。

我们来看一个场景：你想吃火锅，但一个人去火锅店又显得很孤独，怎么办？在家来一份自热火锅，一边刷手机，一边看电视，一边吃火锅。不仅不孤独，还很享受。

所以，自热火锅设计出来后销量特别好，现在已经成了火锅行业的一种潮流，拯救了很多"都市宅人"。

自热火锅的成功就是因为找到了一种可以治愈用户孤独的场景。用户愿意为自热火锅付费，其实有一部分原因是，在这个场景下愿意为它提供的情绪价值付费。

2. 持续不断地为用户提供情绪价值

基于盲盒经济的泡泡玛特就享受了情绪价值的红利。泡泡玛特盲盒带给用户的情绪是持续不断、层层递进的。

我们看看用户购买盲盒的过程：最开始，在购买盲盒前，用户满怀期待，因为不知道会买到哪一款，会有怎样的收获。然后，用户想，不管了，"赌"一把吧，于是就会产生一种未知带来的兴奋和刺激感。接着，打开盲盒，抽到的正是想要的，满怀惊喜。因为这种未知的刺激体验，用户才会产生购买行为。

万一"赌"错了，没抽到自己喜欢的玩偶，不甘心，怎么办？再买一个吧，反正也不贵。于是就产生了复购行为。

随着复购次数的增加，终于集齐了一整套，用户会感到满满的成就感。看着满满一柜子玩偶，拍照发个朋友圈吧，来自朋友圈的评论又满足了他们炫耀的需求。

因为盲盒认识了一群盲盒爱好者，这时候，它又成了社交货币，满足了用户的社交需求。

泡泡玛特并不满足于好看的皮囊，还追求有趣的灵魂。比如它和博物馆合作，在内容上做文章，这可能又会给用户带来"有眼光、有品位"的优越感。

就这样，泡泡玛特通过打造个性化的产品，不断为用户提供情绪价值。

3. 提供稳定的情绪价值

提供稳定的情绪价值很重要，我们来看两个场景。

2011 年，经过 400 多个日夜的奋斗，小米第一代手机诞生。在北京 798 艺术区，身穿牛仔裤、黑色 T 恤的雷军宣布了小米手机的价格。话音未落，背后的大屏幕上出现"1999元"的特大号字。台下观众群情激昂，发出阵阵欢呼。在雷军说完手机定价后，所有人自发起立鼓掌足足 3 分钟。

2020 年 2 月 13 日，因为新冠肺炎疫情，发布会改为线上举行，雷军一个人讲了将近 2 小时。如果你不是米粉，你可能会觉得这 2 小时冗长又无聊。但这次直播的效果非常好，发布会结束后，小米股价飙升，发布会第二天，小米 10 获得单日单品销量、销售额双料冠军。

相隔近 10 年，米粉为什么还这么有热情？因为小米在持续、稳定地给粉丝提供"参与感"这种情绪价值。小米有很多激发用户参与感的方式，比如小米的"100 个梦想的赞助商""橙色星期五""红色星期二"、线下活动"爆米花"、每年公司庆典"米粉节"等。

10 多年来，小米一直在为用户提供稳定的情绪价值。因为一旦无法提供稳定的情绪价值，用户就有可能会"脱粉"。提供稳定的情绪价值很难，但很重要。

新消费时代，一款产品占领了用户的情绪，也就占领了用户的钱包。一款好的产品，应该能给人抚慰和感动，这样才能走得更远，走得更久。

一切商业的起点，是让消费者获益

新消费时代正在到来，有一些有先见之明的人已经抓住了这个机遇。但是，在这个新时代，我想和你重温一个我认为很重要却可能略显枯燥的话题：商业的本质到底是什么？

在讨论这个之前，我想问你一个问题。

　　作为一名创业者、企业家，你想满足社会需要，卖出更多产品或者服务，可问题是你的竞争对手、其他创业者或者企业家也这么想，那你凭什么让消费者买你的呢？

　　要回答这个问题，我们就要搞清楚，我们的产品或者服务和社会、消费者的关系到底是什么？答案就是交易，是用我们的产品或者服务和社会、用户达成交易，用我们的时间精力、潜力和公司达成交易。这是商业的本质，是整个商业世界最底层的基石。

　　为什么商业的本质是交易？

　　回到最开始以物易物的时代，我们从最本质、最底层的模式出发来思考，一点一点抽丝剥茧来理解整个商业。

　　假如说我们家是养羊的，世世代代都养羊；你们家是种大米的，世世代代都种大米。我们家天天吃羊肉，从小到大都在吃，各种烤羊肉串、炖羊肉锅，等等。你们家的大米就更神奇了，可以做米线，煮米饭，做寿司。久而久之，总有一天我们都会吃腻的。虽然大米很好吃，但是能不能换一点其他的？你一定会动这个念头。

　　在你动这个念头之前，你们家的大米做出来的各种各样的米饭、米粥、米线，这些是商品吗？不是。因为你做得再好吃，只要是为你自己服务的，就不叫商品。

　　只有只用来交易的东西才叫商品。拿我们家的羊肉去换你们家的大米，这才叫作商业。所以我们研究的所有问题，其实本质上都是围绕着交易展开的。

经常有人说，西方是商业文明，而中国是农耕文明。那么，西方的商业文明是如何发源的呢？很多人说是起源于希腊的商业文明。

得到的李筠老师在他的"西方史纲50讲"中提到，希腊这个地方没有大河灌溉，而且丘陵跌宕起伏，气候又会引起周期性歉收，所以古希腊的谷物实在没法保证自给自足。既然这样，与其再怎么努力都达不到及格线，那不如另辟蹊径：粮食不能自给，又必须得有，那就只有通过交换来获取。古希腊连吃饭这个最基本的问题都只能靠交换、靠商业来解决，所以李筠老师说，古希腊的商业文明是被逼出来的。

无论是我们一直吃大米、吃羊肉吃腻了，还是没办法，被逼的，我们最后都会拿着我们的物品和其他人交换，各取所需。而一旦有了物品的交换，我们也就有了商业。

所以说，商业的本质是交易。

而只要交易就会涉及一个问题：我用一头羊换你多少米？

这个时候就需要给这些物品定价。最初的时候，没有所谓的"定价"这个概念，但是，随着换的东西越来越多，人们就需要思考更多了：如果一头羊可以换50千克大米，羊和米之间形成比例关系，那么羊肉和小麦怎么换？羊肉和牛肉怎么换？牛肉和小麦怎么换？小麦和大米怎么换？

这时彼此之间的交易关系就变得更复杂了，怎么办？于是我们就发明了货币，也就是金钱。有了金钱，我们用于交换的产品就有了价格。

我常说，一切的商业起点，是让消费者获益。

作为交易一方的我们，只有想办法让对方获益，他们才会选择我们。

公司的产品也一样。既然是和社会、消费者进行交易，那么消费者为什么购买我们的产品，而不购买其他家的？这中间当然会有很多复杂的商业逻辑、商业模式等。但最底层的逻辑一定是，消费者买我们的而不买其他家的，是因为买我们的获益更多。

同样的质量，我们的价格更实惠；同样的价格，我们的质量更好；我们能提供其他公司提供不了的功能、体验。这时，消费者自然会选择我们。

所以，无论是在传统消费时代，还是在新消费时代，我们都要遵循商业的本质，坚持最根本的一点：让消费者获益。

当你了解了我们和社会、消费者是交易关系，也就更能深刻地理解，我们到底应该怎么做才能把握新消费时代带来的机遇。

第 5 章

Z0世代

只有理解了 Z0 世代，才能理解未来

2022 年，我们即将开始长达 14 年的"活力老人"时代。但是，看生命线的另一端，2022 年还是另一个重要的里程碑：00 后毕业了！

2000 年出生的孩子到 2022 年是 22 岁，正好大学毕业，也就是说，"神兽"们开始上班了，开始挣钱了，开始花自己挣的钱了。从 2022 年开始，他们会陆陆续续成为你的下属、你的同事甚至你的老板。

所以，你必须学会和 00 后打交道了。

但是，这并不容易，因为有时你连他们说的话都听不懂。

有一次，我参加一个综艺节目的拍摄。节目的形式是睡衣趴，这是我第一次参加睡衣趴。流程很简单，就是大家轮流从盲盒里抽出一些卡片，然后根据卡片上的提示一起进行讨论。易立竞从盲盒中抽出一张卡片，上面是四个字母"zqsg"，当时所有人都蒙了，不知道"zqsg"是什么意思。

　　我知道，不过，我也是拍摄半小时前才知道的。当时，有个小姑娘采访我，正好问过我这个问题，我回答不知道，她以一种"这你都不知道"的眼神看着我，然后告诉我，意思是"真情实感"。

　　我当时就震惊了，心想：就算我本硕博连读，主修拼音，也猜不出来这是"真情实感"啊！后来，我才知道，我不知道的远不止这个"zqsg"，比如，"dbq"的意思是"对不起"，"u1s1"的意思是"有一说一"，"awsl"的意思是"啊，我死了"。怎么就"啊，我死了"呢？不是因为受到了惊吓，而是因为看到了极其可爱的东西，非常激动。这就是 00 后的沟通方式，他们是如此不同。

　　我终于理解了什么是"代沟"：我在沟的这边，你在沟的那边，而沟中间，是那些不是你不懂就是我不懂的语言。

　　可是，为什么他们如此不同？

　　要回答这个问题，我们要首先理解什么是 X 世代、Y 世代和 Z 世代。

　　中国人一般用 70 后、80 后、90 后来表示代际，而国际通用的方法是 X 世代、Y 世代、Z 世代。

　　X 世代指的是 1965 ～ 1979 年这 15 年里出生的人。这一代人经历了伴随科技高速发展而生的无所适从，也经历了经济危机带来的无能为力，他们的特征是迷茫。

　　Y 世代指的是 1980 ～ 1994 年这 15 年里出生的人。这一代人生于 20 世纪，长于 21 世纪，所以又被称为"千禧一代"。他们赶上了个人电脑和互联网的迅速普及，因此形成了与上一代截然不同的生活态度，他们的特征是自信。

Z 世代指的是 1995 ～ 2009 年这 15 年里出生的人。他们大部分生于 21 世纪，是数字时代的原住民。因为生活方式发生了质的变化，他们更关注体验，也更懂得挖掘好的价值和服务，他们的特征是独立。

不同世代的人有着不同的性格特点、兴趣爱好、交流方式和消费习惯。通过一个小例子我们就能看出这一点。

在网上聊天的过程中，如果表示同意，X 世代的人会给对方发"好"，而 Z 世代的人会发"好哒"，表示愉快地同意了；如果表示知道了，X 世代的人会给对方发"嗯""哦"，而 Z 世代的人会发"嗯嗯""哦哦"，表示愉快地知道了。

如果不愉快呢？ Z 世代的人会发"哈"。"哈"基本等同于"无语"。啊？"哈哈"不是高兴吗？为什么用"哈"表示"无语"啊？这时，Z 世代会给你发"哈哈"，意思是：怎么遇到了一个老年人。

那到底多少个"哈"才代表真的开心呢？ 6 个，"哈哈哈哈哈哈"。如果 Z 世代给你发了 6 个"哈"，基本代表他把你当朋友了，他是真的开心，尽管他打这 6 个"哈"字的时候，很有可能面无表情。

所以，有些公司在员工手册里要求和甲方聊天时，如果发"哈"，必须一次发够 6 个，不能偷懒。

这就是与众不同的 Z 世代。

而我们常说的 00 后，其实就是 Z 世代，而且是 Z 世代的核心力量，所以，我们把他们称为"Z0 世代"。我们必须蹲下来，认真理解 Z0 世代。只有理解了他们，我们才能理解未来。不是因为他们更理解未来，而是因为他们就是那个未来。不是因为他们更理解时间，而是因为他们就顺着时间向我们走来。只有和他们做朋友，我们才是时间的朋友。

那么，怎么理解 Z0 世代呢？

在这里，我想教大家 9 个底层逻辑。你掌握其中任何一个，都能在实际场景中演化出无数的具体方法，打开 Z0 世代年轻人的心门。

我把这 9 个底层逻辑，提炼为 9 个关键词：富足、感性、颜值、爱国、独立、养宠、懒宅、养生、意义（见图 5-1）。

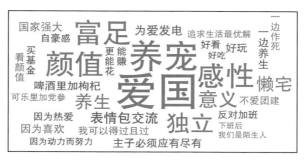

图 5-1　理解 Z0 世代的 9 个底层逻辑

绘图：华十二。

9 个底层逻辑让你理解 Z0 世代

1. 富足

"富足"是 Z0 世代的第一个关键词。

我小时候，家里很穷。上地理课，地理老师说下节课要带地球仪，我就带着"圣旨"回家要钱，去买了一个地球仪。那个地球仪花了 8 元钱，为了这 8 元钱，我被父母打了一顿。因为当时我父母一个月的工资才 20 多元钱。我们这一代人，内心的底色是贫瘠。所以，如果我去肯德基打工，有人向我要餐巾纸，我一定不会一下子给他一大沓。我会看他们有几个人，如果是两个人，我就递两张给他。

但是 Z0 世代不一样。他们从来没有经历过贫穷的年代，他们内心的底色是富足。

根据腾讯的调查，Z 世代的人均可支配收入在 2019 年时就已经达到每月 3501 元。而同期，全国人民的人均可支配收入为每月 2561 元，城镇居民的人均可支配收入为 3530 元。而作为 Z 世代中更年轻的一部分群体，Z0 世代的年轻人比我们年轻时有钱。

青山资本在 2021 年中消费报告《Z 世代定义与特征》中，形容 Z 世代没"见"过钱。因为当他们开始消费的时候，线上账户、线上支付、线上转账已经开始流行。到如今，收付款、储蓄、投资乃至消费，都可以在手机上完成。对于 Z 世代而言，"钱"等于"数字"，只知道越多越好，但是并没有实物感，也感受不到"沉甸甸"或者"空瘪"的钱包意味着什么。

正因为对他们来说钱就是一串数字，因此，Z 世代的消费观念与上一代人大不相同："他们可以为在乎的事情花大量的金钱，比如喜欢的游戏，可以一次性充值上千元。虽然 Z 世代也会计划买房、结婚、生子，但对这些事情的预期时间相比 Y 世代整体后移，可能是十几二十年后的事情，所以个人需求和愿望更加突出，消费更多集中在自己身上。"

青山资本还对 Z 世代的赚钱方式进行了总结："虽然 Z 世代大多尚未步入职场，但网上有太多兼职赚钱的方式，内容创作是最主要的。视频网站上的兼职推荐视频层出不穷，且能够充分与专业和兴趣相结合。包括专业技能类的翻译和向订阅号投稿；兴趣类的配音、翻唱、词曲制作、设计表情包和图片素材；线上教育类的家教兼职；等等。"

Z 世代如此，Z0 世代更是如此。他们能赚，敢花。

2. 感性

"感性"是 Z0 世代的第二个关键词。

一件商品的价值，有理性的使用价值部分，也有感性的情感价值部分。理性价值约等于"功能"，比如，一个产品有没有用，好不好用，便宜不便宜。但是感性价值就丰富了，衡量它的标准有很多，比如好看吗？有趣吗？会让别人羡慕吗？别人也有吗？感性价值约等于"我喜欢"。

与 Y 世代相比，Z0 世代的消费往往更加感性，他们愿意为自己的热爱倾注感情。汇聚了大量 Z0 世代的 B 站的董事长陈睿说："他们对于自己喜欢的东西、追求的东西，是非常感性的。他们是有着非常强的兴趣驱动，有着非常强的粉丝行为驱动的群体。"

对年轻人来说，表达感性的最好方式是表情包。文字是理性的，但表情包是感性的，是跨语言的，是纯粹的情绪。

3. 颜值

"颜值"是 Z0 世代的第三个关键词。

1999 年我刚来上海的时候，吃到一种冰砖叫"光明冰砖"，当时我有一种惊为天人之感，连连感慨"太好吃了"。而且这种冰砖特别便宜，只卖 2 元钱，现在虽然贵了，价格也不过在 4 元钱左右。

而现在的孩子喜欢吃的是钟薛高，一根基础款雪糕，可可味或者奶油味的，售价是 16 元。还有一些口味，居然能卖到 60 多元钱。的确不便宜。但为什么这些年轻人愿意买单？因为它好看，独特的瓦片造型、特立独行的包装，而且每一根雪糕棍上都有一句有趣或贴心的话，让人心情愉悦。

Z0 世代从小就学音乐，学美术，学舞蹈，学习各种艺术，他们对艺术、对美有着天生的追求，他们需要有美感的产品，很多人甚至会开玩笑说"颜值即正义""漂亮是第一生产力。"

这时，如果你能生产出质量不错还特别有艺术感的产品，它们一定会大受 Z0 世代的欢迎。

2020 年的 7 月，我陪同"问道中国"的企业家学员们一起参访了猫王收音机。猫王收音机现在年销量已达 300 万台，销售额超过 3 亿元，这对一家创立 5 年的公司来说，是一个很不错的成绩。

是什么让猫王收音机一步一步从一家小作坊走到了今天？其中一个重要的原因就是高颜值。

猫王收音机的团队不但有着非常扎实的声学背景，团队里的成员在设计、艺术方面也有非常高的天赋。简单地说，猫王收音机的创始团队是一群有美感的人。他们拥有一种其他创业团队不具备的能力，那就是能把大规模量产的工业化产品做得非常有艺术感。很多年轻人购买猫王收音机，都是因为被它的颜值打动，喜欢它体现出的那种复古怀旧、浪漫的生活情调。

其实，就从"美"这一件事上，几乎所有的产品都可以重来一遍，因为美是无止境的。

4. 爱国

"爱国"是 Z0 世代的第四个关键词。

　　我第一次喝可乐是在中学的时候。那是别人送的"礼"，一瓶可乐、一瓶雪碧扎在一起，像茅台一样送到我家来。当时我喝可乐的感觉，也确实像是喝茅台。抿一口，一口气蹿上来，打个嗝儿，所有的热气都被带走了，让人忍不住在心里欢呼：太爽了！因为太珍贵了，所以都舍不得一下子喝完。

　　在当时那个年代，国际品牌的产品相对于国货是有巨大的势能差的。"进口的东西就是好"，这种认知曾经像用光刻机刻在我们的头脑中一样。但是，这一代年轻人完全没有这样的记忆。他们长大时，国家已经强大。所以，Z0世代天生爱国。青山资本在2021年中消费报告《Z世代定义与特征》中总结：

　　"Z世代的年轻人对新一代中国人身份的理解，和以前不一样了。'复兴'的进程真切地发生在他们的身边，个体的生活问题总会在更宏观的民族和文化自信中被消解。2008年奥运会、新中国成立60周年、国产航母下水、新中国成立70周年、中国抗疫后的领先复苏、中美经贸摩擦、中印边境冲突、'新疆棉事件'等，都为Z世代带来了自信。自信的基础一方面是中国实实在在的经济和文化发展，另一方面则是在各种困难发生的时候青年们展现出的不畏惧困难的奋斗心态。Z世代民族自信感较强，对国货不易产生偏见，是这一代人性格形成时独有的环境造成的。如今我国人均GDP超过1万美元的经济基础，更是未来自信的起点。"

5. 独立

"独立"是 Z0 世代的第五个关键词。

80 后是中国第一代独生子女，00 后可能是最后一代。00 后这一代独生子女，接受了更好的教育，他们的内心更强大，更独立。这种独立性最直接的体现就是不喜欢团建。

脉脉 App 做过一次关于公司团建的调查，对"你会参加公司的团建吗"这个问题，21.57% 的 90 后选择参加，但是 95 后和 00 后（也就是所谓的 Z 世代）只有 10% 的人选择参加。

所以，和 00 后相处的时候尽量别对他们说："周末我们去团建，增进一下感情。"对 Z0 世代来说，增进感情免谈，他们更愿意和同事保持纯粹的职场关系，下班后，最好彼此是陌生人。

那 Z0 世代对加班抱着什么样的态度呢？我特别好奇。于是请脉脉的同学帮忙调查了一下 80 后、90 后、00 后对"996"的态度。80 后有 31% 反对加班，其他 69% 的态度是无所谓，看情况，给够钱就加。而 95 后呢？超过 50% 的人明确反对加班，即使给钱也不愿意加班。

6. 懒宅

"懒宅"是 Z0 世代的第六个关键词。

00 后还有点"懒"。如果"懒"这个字听上去有些负面的话，我们不妨换个词，把"懒"换成"寻找生活的最优解"。

对 Z0 世代来说，宅着是比出门更优的解，坐着是比站着更优的解，躺着是比坐着更优的解。衣食住行，能懒则懒，懒得社交，懒得点赞，懒得恋爱，懒得出门。这非常"碳中和"。

所以，他们买空调要买免拆洗的空调；买洗衣机要买带烘干功能的，最好烘干后还能把衣服烫平；买扫地机器人要买能拖地的，最好还能自己倒垃圾，自己洗拖把，自己换掉脏水。

未来的智能家居有没有前景，我不知道。但是，懒人家居一定前途光明。

那什么事都让机器人帮你做了，你干吗呢？养个宠物。

7. 养宠

"养宠"是 Z0 世代的第七个关键词。

我小的时候，家里也收养过流浪狗，我养狗的心态是：跟着我混，有我一口饭吃，就不能让你饿着。但是 00 后不一样，他们的心态是：我可以得过且过，但"主子"必须应有尽有。

根据艾媒咨询发布的《2018—2019 中国宠物食品产业研究与商业投资决策分析报告》，中国养宠用户在宠物食品上花的钱只占养宠物总花费的 34% 左右。

34% 是什么概念？恩格尔系数（指食物支出在所有支出中的占比）表明，如果 60% 以上的支出花在食物上，这个家庭基本上是贫困的；50% ～ 60%，是温饱；40% ～ 50%，小康；30% ～ 40%，富裕；低于 30%，特别富裕。所以从这个角度来看，中国的一部分宠物已经比主人更早过上了富裕的生活。

而在宠物食品支出中，宠物保健品的支出占 46%，超过了主粮（36%）。这意味着，中国的宠物早就不追求"吃得饱"了，它们的追求是"膳食均衡"。

我的朋友傅俊老师，人称"傅师傅"，是一位美食家，我想，我们俩是不是应该一起研究宠物美食，这可能比研究人类美食更有机会。

还有宠物用品。00 后的宠物比 00 后自己提前消费升级了。这种消费升级体现为 LV 的狗项圈、Versace 的狗床，还有为宠物定制的健身、上学、相亲、摄影、保险甚至火化服务。

你对美满人生的理解可能是"儿女双全""四世同堂"。而 Z 世代对美满人生的理解可能是"猫狗双全""猫慈狗孝"。

8. 养生

"养生"是 Z0 世代的第八个关键词。

有一次，我去拔牙，医生给我打了一针麻醉药，可我还是觉得疼，医生只好给我多打了一针。我儿子小米问医生怎么回事，医生说，大概是平常喝咖啡的缘故吧。从那一刻起，小米就下定决心：此生绝不喝咖啡，以保持对麻药的敏感。

这一代年轻人特别惜命，特别养生，但是，他们养生的方法和老一辈不一样，他们的养生叫"朋克养生"。所谓"朋克养生"，就是用最贵的眼霜，熬最长的夜；啤酒里面加枸杞，可乐里面加党参。这是一种一边作死一边养生，一边养生一边熬夜，一边熬夜一边祈祷自己不要死的养生方式。

它的核心其实不是养生，而是减少罪恶感，是告诉身体：你看，该做的我都做了。

9. 意义

"意义"是 Z0 世代的最后一个关键词。

网上曾经流传一个段子，说不同年龄层的人为什么离职，80 后是"收入更高我就离职"，00 后是"领导不听话就离职"。

真的是这样吗？

脉脉专门做了调研后发现，51% 的 00 后离职的原因是"与同事、领导关系不融洽"。看来，那个段子是真的。

越来越多的 00 后，不是为了钱而工作。对他们来说，钱当然重要，但是，他们工作首先是因为热爱，而不是哪里钱多就去哪里。对热爱的重视程度，00 后比 90 后明显要高，而同时，对钱的重视程度，00 后比 90 后明显要低。

Z 世代工作，不是被缺钱的焦虑驱动，而是被意义的动力驱动。武志红老师说："焦虑，是一种死能量。动力，是一种生能量。"Z 世代获得的是一种生能量。

人生并不只有两种选择：因为焦虑而奋斗，或者因为焦虑而躺平。人生还有另外一种选择，就是出于热爱，出于真心，出于喜欢，出于内心的动力而努力。

这就是理解这一代年轻人的 9 个底层逻辑。

第 6 章

流量新生态

流量生态的第一次打通是线下和线上的打通

Z0 世代是我们必须学会打交道的人，我们再来认识一下在新时代我们必须学会打交道的事。

什么事？如何打通正在变化的流量新生态。

这个世界上只有两种生意：产品生意和流量生意。产品生意是把东西做出来，流量生意是把东西卖出去。

在以线下交易为主的传统时代，流量生意相对简单，就是选好地段，开门迎客，因为每天进来的人流是相对固定的。但是到了互联网时代，流量像从固态变为了液态，有时流得慢一些，有时流得快一些，但从不停止。

最近，流量的流动变得有点快。

有一家餐馆叫太二酸菜鱼，如果你去这家餐馆吃饭，最好先学会一项技能——"对暗号"。你走进店里，坐下来，点菜。如果服务员对你说"让我们红尘做伴"，你不要紧张，保持镇静，回答他"吃得潇潇洒洒"，然后再做一个动作。这时，服务员会说"自己人",然后就会送你一份"自己人"专享的小菜。

你一定会感到惊讶:还有这种事?我怎么成为他们的"自己人"?

你需要加入一个叫作"太二宇宙基地"的组织,这个基地其实就是太二酸菜鱼的粉丝群。他们每个月都会在这个群里发布本月的暗号。有了这个暗号,粉丝去店里吃饭时就能领取一份专属的小菜。

我想,聪明如你,立刻就会明白,太二酸菜鱼是希望用这个很有"专属感"的福利维护粉丝的黏性,然后吸引他们不断到店消费。

但是,这招真的有用吗?

太二酸菜鱼统计过,2020 年,通过"对暗号",他们一共送出了 15 万份小菜。按照他们的平均客单价 88.4 元来计算,这个有趣的暗号,为他们带来了 1300 多万元的收入。

太二酸菜鱼并不是唯一一家这么做的餐厅。现在,越来越多的机构开始尝试建立自己的"基地",一股暗流开始汹涌流动,我把这股暗流叫作"流量生态的第二次打通"。

要理解流量生态的第二次打通,那你就要首先理解什么是第一次打通。

在过去很长一段时间里,我们是在线下做生意的,随着互联网的发展,我们又开始在线上做生意。不管在线下还是在线上做生意，我们都需要一个基础的资源，这个资源就是流量。

流量生态的第一次打通是线下和线上的打通。

中国的商业地产界有一句老话，叫"一铺养三代"。意思是说，买商铺是一个非常好的投资，靠租金就可以使祖孙三代不愁吃喝。可是，你换个角度想：这三代不愁吃喝的钱，是谁出的？是租客。但租客的钱又是从哪里来的？消费者。最终，是消费者在养着这个商铺背后的祖孙三代。

把"一铺养三代"翻译成互联网的语言，就是"线下流量成本高"。

后来，互联网出现了。大量用户涌向互联网，有人用它来查资料、看新闻，有人用它来聊天。再后来，淘宝出现了，卖东西的人也来到了互联网上。但这时，互联网上买东西的人多，卖东西的人少。所以，天下当然没有难做的生意。

把"天下没有难做的生意"翻译成互联网的语言，就是"线上流量成本低"。

线下流量成本高，线上流量成本低，这时，流量生态的第一次打通正式开始，海量的卖家从线下蜂拥到线上。

2012年，在CCTV中国经济年度人物颁奖典礼上，马云和王健林同台领奖。在台上，王健林说："中国电商，只有马云一家在盈利，而且占了95%以上的份额。他很厉害，但是我不认为电商出来，传统零售渠道就一定会死。"马云回应说：

"我先告诉所有的像王总这样的传统零售一个好消息，电商不可能完全取代零售行业。同时告诉你们一个坏消息，它会基本取代你们。"

在电商刚刚兴起时，电商商家的对手是传统零售。电商对传统零售是结构对结构的冲击、线上对线下的冲击、新物种对旧物种的冲击。交易结构的链条大规模缩短，去掉了很多中间环节，效率大大提高，电商拥有碾压性的优势。外加淘宝、天猫、京东等电商平台的大力宣传，电商吸引了大量的流量。

初期，做电商的商家少，大量的流量分给少量的商家。很多商家分到的线上流量都要比线下的多，获客成本较低。所以，电商有一个巨大的流量红利期。这个红利，是超优性价比，是获得"流量"的价格优势和可能性。很多人之所以成功，是因为吃到了这波"流量红利"，有意无意踩中了风口。

可是，过了一段时间，大家都意识到做电商有利可图，就都到网上卖东西。这时，如果你开一家新网店，你会发现，通过用户搜索免费分到的流量，已经不能支撑你的生意了。

一部分流量红利消失了。

但是整个大趋势的红利消失，还不是出于这个原因。淘宝有个搞竞价排名的淘宝直通车，其实就是用更高效的手段抹掉网店的流量红利。比如，你在淘宝直通车买"关键字"，发现有人跟你竞争，你就会出更高的价格来买这个关键字，直到这个"更高的价格"让你再也不能承受为止。这时，大部分靠流量红利赚的钱都被平台拿走了。你能享受的流量红利几乎被抹平。

薛兆丰老师说："供需关系决定商品价格，商品价格决定资源成本。"当线上的卖家疯狂增长，而买家却增长缓慢时，挤破头的卖家必然会不惜成本地抢夺一个资源——平台流量。竞争越来越激烈，流量就成了稀缺资源，越来越贵。这就好比北京二环内、黄金地段的房子数量是有限的，但买房的需求还在不断增长，供不应求，所以这些地段的房价不断上涨。当获取流量的成本越来越高时，流量红利就消失了。

红利是什么时候消失的？

2015 年 2 月，《经济参考报》的记者从阿里巴巴举办的培训班上获悉，当时淘宝集市店有 600 多万个卖家，真正赚钱的不足 30 万个，仅占 5%；天猫商城店有 6 万多个卖家，不亏本的不足 10%。

2015 年，线上流量成本就已经涨到很高的价格。有赞创始人白鸦和我说过一个案例：淘宝上有一家皇冠级女装店，产品成本占 30%，营销成本占 30%，人员办公等成本占 12%，看上去毛利大于 20%。但是在营销方面，如果商家为了获取流量而做广告的话，成本会再增加 10%。因此，综合下来，营销成本超过 40%，产品毛利只剩下 10% 左右。扣除物流等其他费用，商家几乎没有净利润。这时的传统电商，已经"沦为"传统零售。

2016 年，马云和雷军几乎同时提出了"新零售"的概念。这意味着电商要回到线下，重新找性价比更高的流量。

2020 年，不少商家的体会是，三四线城市的下沉市场红利也基本被挖掘释放出来了。

在红利期，"天下没有难做的生意"；红利期一过，"天下就没有好做的生意"。线上线下的流量成本趋于一致，流量生态完成了第一次打通。

做私域，本质上就是把公域流量私有化

很多人不停地思考，如何才能找到更便宜的，可以反复使用的流量？

这时，就有了流量生态的第二次打通，也就是公域和私域的打通。

"私域"是近年来非常火的一个词，那么，到底什么是私域？

我想从刘慈欣《三体》里的一个故事开始讲起。

在这本小说的最后，在太阳系已经坍缩到二维世界甚至整个宇宙都要坍塌的时候，云天明送给程心一个小宇宙。在这个小宇宙里，有田野、几幢白色房子，还有几棵树。云天明希望程心在宇宙坍缩，所有文明都被不可避免地毁灭后，仍然能在这个小小的宇宙里活下去，等待新宇宙的诞生。这

就是云天明作为一个理科直男的浪漫。

如果我们把整个宇宙比作公域的话，那么送给程心的这个小宇宙，就是云天明在公域（整个宇宙）里挖的一小勺私域（小宇宙）。

私域就是你拥有的，可重复、低成本甚至免费触达的场域。比如，你的微信公众号（以下简称公众号）就属于你的私域，每天你都可以免费发一次推文，触达订阅你公众号的读者。所以，云天明送给程心的小宇宙，在一定程度上来说就是程心的私域，她可以在那里随心所欲地过着田园生活。

与私域相对应的，是公域。

"我"以外的都是公域。公域是以"我"为第一视角的概念。比如，你的公众号是你的私域，整个微信的 10 多亿用户是你的公域。

可你认识的那个老刘，他也有一个公众号，他的公众号是私域吗？老刘的公众号是老刘的私域，是你的公域。因为老刘的公众号属于老刘，不属于你，在你之外。

你在线下租商铺开了一家店，每天店门一打开，就有人登门，这是你的私域吗？不是。这家商铺不属于你，你为了拥有这些每天开门营业就有人登门的流量，每月要付租金。所以，这对你来说也是公域。

公域可以分为付费公域和免费公域。付费公域就是如果你想从这里挖流量，你得花钱。比如，线下开店，你想从门店挖流量，那你就得付租金。而从免费公域挖流量，顾名思义，则不需要花钱（或者花很少的钱）。比如，你运营一个公众号，持续输出高价值的内容，最终让认可你观点的人在朋友圈转发、推荐，这其实就是在用裂变的策略在免费公域（朋友圈）挖用户。

举个腾讯旗下公域的例子。

与腾讯的朋友交流，他们问我：腾讯的四大公域属于付费公域还是免费公域？

腾讯的四大公域是广告公域、内容公域、微信公域和线下公域。具体来说，广告公域就是腾讯平台的所有类型的广告；内容公域，就是公众号 KOL（关键意见领袖）、直播、长视频或短视频等；微信公域是指搜一搜、看一看、视频号等；线下公域指的是线下场景的扫码添加企业微信、添加柜员导购等方式。

广告公域和线下公域都需要付费才能获取流量，因此都属于付费公域。而内容公域和微信公域则更倾向于免费公域。以公众号为例，只要"我（企业自己）"内容做得好，更多的读者愿意分享、转发，点"在看"，那么"我（企业自己）"在这两个免费公域里就能获取更多的流量。

私域和公域，其实是相对的。我们这个星球上有 70 多亿人口，这 70 多亿人就是地球的私域。不过，这个私域对地球上所有国家或地区来说却是公域。中国、美国、日本、德国等两百多个国家或地区，通过出生、死亡、移民甚至战争的方式，从这 70 多亿人里拉新、留存、促活，最终从 70 多亿的公域流量里挖出了属于自己的私域流量，现在，中国的私域是 14 亿多人，美国的私域是 3 亿多人，日本的私域是 1 亿多人。感谢国家养育了 14 亿多的私域流量，这 14 亿多就是让其他国家羡慕的中国互联网公司的公域。阿里巴巴、腾讯、今日头条、快手、B 站等纷纷开始在这个公域中构建自己的私域。而阿里巴巴、腾讯、今日头条、快手、B 站的私域又变成了互联网上创业的公域。

每个人的公域其实都是别人的私域。"刘润"公众号赖以生存的公域是腾讯的私域。腾讯赖以生存的公域是中国的私域。中国赖以生存的公域是人类的私域。

每个人的私域都寄生于一个公域，但不再完全受制于公域。一旦构建了自己的私域，不管多少，都有了一种可以重复且免费使用的流量。

理解了什么是私域和公域后，我们就会发现，人们经常说的"做私域"，本质上就是把公域流量私有化，就是从公域里把流量一勺一勺地往自己的私域挖。

以"刘润"公众号为例。"刘润"公众号现在有 220 万读者，这 220 万读者就是我们的私域用户。这是我们从整个微信 10 多亿的公域用户池里，通过持续不断地输出商业洞察、管理案例、职场进阶等相关内容，聚集到我们这个公众号来的。

为什么我们坚持只写商业洞察、管理案例、职场进阶的内容？因为我们要免费且可重复地触达这部分高价值人群。

企业家和创业者喜欢读"商业洞察"，企业高管、核心管理层喜欢读"管理案例"，上进的年轻人喜欢读"职场进阶"，我们坚持数年如一日地只写这三方面的原创内容，就是希望把这些人群聚集起来，形成一种规模化触达稀缺的高价值人群的能力。今天，我们的公众号拥有的 220 万读者都是稀缺的高价值人群。

过去，要想触达这个人群可能需要面向 900 万甚至 9000 万的公域用户池广播，成本非常高。但今天，我们用持续的、高品质的商业内容输出，把这 220 万人从 9000 万人中挑选了出来，帮助品牌商实现了更低成本的触达。我们尝试过为这个群体推荐高端行李箱、会议音箱、商务宴请用红酒、商用茶礼，受到了特别热情、远超正常水平的欢迎。这就是更低成本的、可重复触达的结果。这就是做私域。

再比如，完美日记、百果园等商家，通过送礼物等让人加微信、成为会员等做私域的方式，本质也是公域流量私有化，也就是从线下这个公域里一勺一勺地往它们的私域用户池挖。就像云天明从公域（整个宇宙）里挖一块属于自己的私域（小宇宙），然后把它送给程心。这就是做私域的本质。

我们说，流量如水。如果用水打比方，公域流量就像自来水，付费用水，价高者得。你租金出得高，这个铺位就是你的。你竞价排名出的钱多，这个关键词就是你的。你只有付费，才会获得用户。一旦你停止付费，水龙头就关了。

而私域流量就像井水，打井很贵，但用水免费。比如我们做"刘润"公众号，就像打一口井，这其实并不容易，成本特别高。从 2018 年开始，"刘润"公众号每天都要创作至少一篇高品质的内容，兢兢业业，勤勤勉勉，一天都不敢懈怠。一旦数据显示没有给读者提供价值，我们就要复盘。但是有了这口井，我们就可以每天用文章触达我们的用户一次，而且是完全免费的。

自来水便宜的时候，你会觉得为什么要打井？但随着用水的人越来越多，水价越来越贵，一些人便开始认真思考：买水的这些钱都够我打口井了，为什么不试试打口井，建立自己的私域？这就是流量生态的第二次打通。

打通私域与公域的利器：私有化、复购率、转介绍

一谈到私域，很多人会立刻想起微信。确实，微信特别适合做私域。因为私域是从经营商品和人的关系、内容和人的关系、信息和人的关系，转为经营人和人的关系。私域的基本逻辑是社交，而在中国，人与人之间最基础的社交关系基本都在微信上。

2021 年，我非常有幸成为腾讯的商业顾问，由此我认识

了很多特别优秀的腾讯员工。而我的主要工作之一，就是和他们一起梳理出各种私域方法论背后真正的底层逻辑。

私域的底层逻辑是什么？我们说过，私域就是你拥有的，可重复、低成本甚至免费触达的场域。这句话里包含着三个要素。

第一个要素是"拥有"。首先，这口井是你的，你用这口井，不用向任何人交钱。其次，不仅如此，如果别人用这口井，你还能收钱。

第二个要素是"可重复"。"可重复"的同义词是"主动"。客人吃完饭离开你的饭店了，你会说"欢迎再次光临"，但他究竟会不会再次光临，你并不知道。他不来店里，你就找不到他，你很被动。但私域用户却是你可以主动触达的，比如"太二宇宙基地"粉丝群的本质就是有必要时可以主动触达。因为主动，所以可以重复。

第三个要素是"低成本"。只有取水免费，打井才有意义，所以，每次触达的成本越低越好。

这就是私域的底层逻辑。

可是，怎么才能拥有自己的私域呢？我总结了三个方法：私有化、复购率、转介绍。

1. 私有化

关于私有化，我们可以通过一个案例来理解。山东省临沂市有一个小县城叫沂南，县城常住人口只有约 15 万。我第一次听说这个县城是从黄碧云老师那里，她说这个县城有一家君悦购物中心，在疫情期间很多购物中心都撑不下去关门大吉的时候它却活得很好。

君悦购物中心之所以能做到这一点，一个非常重要的原因是它拥有 10 万私域用户。你一定很好奇，这 10 万私域用户是从哪里来的。其实，君悦购物中心用的都是一些很"土"的办法。比如，收银员邀请顾客进群，只要是进群的人就送一个购物袋；售货员穿着橙色队服，带着印有二维码的大牌子到社区门口摆摊；去人多的地方，找跳广场舞的阿姨扫码进群；搞特价促销活动，进价 99 元的小米手环只卖 9.9 元。

就是通过这些很"土"的方法，君悦购物中心在很短的时间里就建立了几十甚至上百个微信群。君悦购物中心因此完成了私有化，把"公域门店"的用户"私有化"到了微信里的"私域社群"。

2. 复购率

私有化的目的，是用复购率来摊薄越来越贵的初次获客成本。

私有化之后，君悦购物中心又做了三件事。

第一件事是用拼团建立信任。

有一次，君悦购物中心发现，猪肉涨价后，顾客对牛肉的接受度变得更高了。于是，就让采购去跟牛肉供应商砍价，想方设法把 4 斤牛肉的价格压到了 99 元，平均每斤牛肉的价格不到 25 元。然后，通过拼团的方式在群里提供给用户。

这个价格是非常实惠的，因此，第一次拼团就取得了很好的效果。因为君悦购物中心是用服务而不是推销的心态来做拼团，所以越做越成功。现在，君悦购物中心的小团大约能达到 20 万元的销售额，大团的销售额则近 100 万元，而团购的转化率更是高达 22%，这意味着，在一个有 100 个人的群里，有 22 个客户会下单。为什么？因为信任。

第二件事是用内容降低成本。

有一次，一位顾客说想买好吃的草莓。于是，君悦购物中心的采购马上去联系农场，然后一边采摘，一边拍视频。视频发到群里后，提需求的顾客马上产生了很强的被服务感和参与感，而其他围观的客户也会忍不住想买两斤。后来，君悦购物中心逐渐取消了纸制海报的促销方式，取而代之的是在群里分享各种有趣的内容。这些内容不但更有说服力，还为君悦购物中心节约了 90% 以上的广告印刷成本。

第三件事是用倾听改进服务。

有一段时间，君悦购物中心的微信群里不断地有顾客问："你家店里卖的豆芽是好的吧？"这是怎么回事？原来有些地方爆出了"毒豆芽"的丑闻，这引起了大家的担心。在没有私域之前，这种反馈商场大概率是听不到的。

怎么解决这个问题？君悦购物中心决定建加工房，自己来发豆芽。君悦购物中心人还给自己的豆芽起了个名字，叫"悦豆豆"，并且把"悦豆豆"的成长过程拍成了视频发到群里。这不但传播了知识，还增加了客户对君悦购物中心的信任。

当大量一二线城市的购物中心在抱怨互联网正在摧毁它们的时候，君悦购物中心从小县城的15万常住人口中"私有化"了10万人，然后用"复购率"不断摊薄高昂的初次获客成本，完成了自救。

所以，不要抱怨，要想办法。

认识到私域复购率的价值的，还有小鹅通。

小鹅通是我们的战略合作伙伴，它的主营业务是提供知识服务工具（比如直播和用户运营管理）。吴晓波老师的"每天听见吴晓波"就构建在小鹅通上。但小鹅通一直有一个难题，就是新客的获客成本太高，大约为4000元。如果花了4000元好不容易获得一个客户，但这个客户只用了不到一年就走了，那这4000元就等于打了水漂。

怎么办？获客成本高，那就打通公域与私域，提高复购率，用复购的年费摊薄4000元的初次成本。

于是，小鹅通开始建群。但和君悦购物中心的群不同的是，小鹅通的群不是"1∶N"的，而是"N∶1"的，就是在一个群里，有很多小鹅通的人，但只有一个客户。

小鹅通的群里有很多"鹅"："服务鹅"是给客户配的白

天的服务专员，晚上就换成了"值班鹅"。客户新的功能需求，由"需求鹅"来满足。如果解决不了，就由"飞行鹅"现场解决。N 个人服务 1 个客户，客户像皇帝一样被伺候着。

我问小鹅通：这成本很高吧？是的。每年小鹅通在每个客户身上要多花 400 元。但花 400 元用有温度的服务来提升口碑，留住一个老客户，与花 4000 元获得一个新客户相比，成本低多了。

这样的群，小鹅通建了 38 000 多个。

2021 年 6 月，小鹅通拿到了 1.2 亿美元的 D 轮融资。

3. 转介绍

私有化能带来"复购率"这个摊薄初次获客成本的利器。但私有化带来的不只是复购率，还有"转介绍"。

我们来看图 6-1"价频模型"。

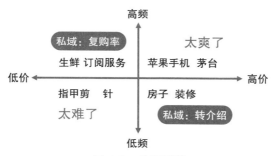

图 6-1　价频模型

绘图：华十二。

如果把商品用横轴的"高价""低价"和纵轴的"高频"

"低频"划分为四个象限的话，右上角这个象限的商品价格高，购买频次也高，比如苹果手机、茅台等。这个象限有个名字，叫"太爽了"。

左下角这个象限的商品价格低，购买频次也低，比如针、指甲剪等，几年买一次，一次几元钱。这个象限也有个名字，叫"太难了"。

左上角这个象限的商品价格低，购买频次高，比如生鲜、订阅服务等。因为低价，所以承受不起高昂的初次获客成本，但是好在高频，可以通过复购率来分摊获客成本。所以，对于这类商品，最重要的策略是经营复购率。君悦购物中心和小鹅通采用的就是这一策略。我们把这个象限叫"复购率"，这是私域的主战场。

右下角这个象限的商品价格高，购买频次低，比如房产、装修等。你为客户装修了一套房子，客户非常满意，但因为低频，短时间内他通常不会再来找你进行第二次装修。这时，高昂的获客成本怎么分摊？转介绍可能是最好的办法。

举个例子。

纪文华是豪车毒创始人，他的公司是卖豪车的。豪车是一个典型的高价低频的商品。一辆劳斯莱斯库里南的售价很高，一个客户即使再有钱，也不可能每周买一辆。所以，豪车的初次获客成本、4S店的装修费用、员工的培训费很难被摊薄。

如何解决这个问题？一个好办法是让用户"忍不住"转

介绍。

有一位年轻女士想买一辆迈凯伦，她找到了豪车毒。你或许认为，豪车毒帮她以较低的价格买下一辆迈凯伦，然后确保车况没问题，把车开到她家门口，就算是交付了。但豪车毒不会这么做，因为这样的服务同行也能做到。纪文华说过一句话："同行已经做了的服务，就不是服务，而是义务。"

豪车毒是这样做的：交车那天，豪车毒团队提前来到现场，花了两个小时为客户精心准备了手捧花、音乐还有能把整辆车装下的巨大礼盒。那位年轻女士当时就震惊了，而接下来的场景更令她震惊：她拆开礼盒的一瞬间，五颜六色的气球"流"了出来，音乐响起，一辆白色的迈凯伦出现在她面前。

你说，如果你是这个客户，你能忍住不发朋友圈吗？

这只是买车时的一次"忍不住"，怎么能让买完车的客户也"忍不住"呢？

豪车毒团队有 30 多人，其中 15 人的工作是给 VIP 和 SVIP 车主提供上门保洁服务。你或许会说：这有什么稀奇的？

但豪车毒的服务却真的"稀奇"：他们在打扫卫生的时候，会用针一个孔一个孔地帮客户清理花洒里的水垢；会把剃须刀打开，把里面的胡须清理得像没用过一样；会把水晶吊灯上的水晶一个一个地拆下来，擦洗得干干净净，再装回去；会打开自动马桶的抽水口，清洗里面滤网上肉眼都看不到的污垢；会拆下玻璃门上的密封条，擦洗完里面的污垢，再装回去。

你说，如果你家被这样打扫过，你能忍住不发朋友圈吗？

转介绍是私域里威力极大的流量工具，但前提是你的服务要极致。

通过极致的服务，豪车毒在 2020 年卖出了价值 15 亿元的豪车。

君悦购物中心、小鹅通和豪车毒，做的事情都很有意思，但又截然不同。所以经常有人问我："润总，谁做的最值得学？我只想学最好的。"我只能回答："看情况。"

那么，如果"看情况"的话，哪些行业适合做私域呢？为了回答这个问题，我请教了一下有赞的创始人白鸦。

我认识白鸦很多年，在我心中，白鸦和他的有赞一直是私域的引领者和新零售的实践者，是非常值得信任的合作伙伴。所以，2019 年，我打算基于"刘润"公众号建立自己的私域商城时就找到了白鸦，他当时就给我讲了他的"私域三角"。白鸦的"私域三角"是由私域产权、单客价值和顾客推荐组成的，这与我所说的私有化、复购率、转介绍几乎完全一样。所以我当时就决定把"润米商城"搭建在有赞上，我们负责前端服务，有赞负责后端交易。

为了帮助更多商家做好新零售转型，有赞在 2021 年还成立了单独的"有赞新零售"品牌。现在，搭建在有赞上的商户已经有 600 多万家了，2020 年这些商户通过有赞新零售完成的交易额达到 1037 亿元。

　　我请有赞的团队统计了一些内部数据，希望这些数据能帮大家在"打井"的时候，找到自己的"取水点"。

　　根据 2021 年有赞私域商品交易额分布情况，从规模的角度来看，私域最热门的品类是三类：女装（14%）、美妆（13%）和日用百货（9%）。但是从增长角度来看，美妆不但规模大，还在高速增长，同比上涨了 102%；日用百货也上涨了 84%。而综合食品和医疗健康两个品类，规模虽然不大，但异军突起，分别上涨了 118% 和 110%（见图 6-2）。

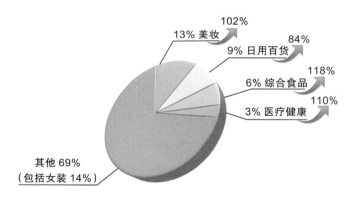

图 6-2　2021 年有赞私域商品交易额大幅上涨品类

资料来源：有赞新零售。

　　然后，我们再来看有赞的私有化、复购率和转介绍数据（见图 6-3）。

图 6-3 有赞的私有化、复购率和转介绍数据

通过有赞的数据，我们会发现，私有化必须发生在触点上。在所有和用户的触点中，微信聊天依然是最重要的，占14%。除此之外，公众号文章占11%，公众号菜单占11%，小程序任务栏占10%，朋友圈占9%。我第一次认识到，公众号菜单的重要性居然超过了朋友圈。

私有化对提高复购率的帮助也可以通过有赞的数据直观地显示出来。复购销售在总销售中占比高达73%。普通客户平均年贡献为234元，而一旦成为会员，他的平均年贡献可达1245元。由此可见，会员是提高复购率的核心。

转介绍最典型的三种形态是多人拼团、裂变发券和砍价，它们带来的GMV（Gross Merchandise Volume，商品交易总额）分别是11亿元、20亿元和140亿元。砍价依然是最重要的转介绍的工具。

有赞的数据还显示，经营私域为零售企业带来了8%的时间增量和11%的空间增量。

黄碧云老师说："私域是人和人之间的关系。"君悦购物中心的私有化、小鹅通的复购率和豪车毒的转介绍都是借助人和人的关系打通了公域与私域，把越来越贵的公域流量沉淀到私域，并因此获益。

把流量从付费媒体和赢得媒体转化沉淀到自有媒体

建设私域流量有很多方法，在营销和传播上有个叫"POE"的概念，对此也有很大帮助。

我在"5 分钟商学院"里也给大家讲过这个我认为非常重要的概念——"POE"。

"P"指的是 Paid Media——付费媒体，比如在报纸上登广告、冠名赞助电视节目等。

"O"指的是 Owned Media——自有媒体，比如企业自己的公众号、个人号等。

"E"指的是 Earned Media——赢得媒体，比如微博、微信朋友圈等，你没怎么花钱，但是引起了别人自发的传播。

把流量从付费媒体和赢得媒体转化沉淀到自有媒体，是建设私域流量的一种途径。

第一，利用付费媒体，也就是买流量，投广告。

在过去的一段时间里，付费媒体盛行，比如电视广告。那时线上完胜线下，因为当时线上买流量的价格比线下买流量的价格更便宜。所以，那段时间，线上的付费媒体和线下的付费媒体价格是不均衡的，线上便宜，线下贵。但是这样的不均衡一定会被拉平，只不过需要一些时间而已。一旦线上线下的付费媒体价格被拉平，线上付费媒体的红利不再，流量就会转移到自有媒体。

付费媒体怎么投广告？

在如今的大数据时代，我们可以掌握更为精确的个人数据，从而做到精准投放。

你在 iPhone X 正式上市后的前 3 个月就用它发过微博？嗯，你是追逐潮流的高消费人群。

你的朋友圈地址标签中一年出现了 20 个以上的城市？嗯，你是个经常出差或者旅行的人。

你在大众点评上总是去川菜和湘菜类餐馆？嗯，你爱吃川菜和湘菜。

你在京东上总是买厨房用品和水果生鲜？嗯，你在管理家庭生活费。

又或者，根据精确的数据，将用户分类。

比如根据时间投放。面对年轻白领，可以选择在早上 7 点至 9 点投放今日头条，因为那时年轻人大多正在公交车或地铁上刷新闻。

比如根据地点投放。面对南京市场，在微信朋友圈投放时可以只选择定位在南京的人群。

比如根据行为投放。面对商旅人士，在新浪微博投放时可以选择 1 个月内出现在 3 个不同城市的人群。

这些都是精准投放。

招商银行有一个刷爆朋友圈的广告，叫作《世界再大，大不过一盘番茄炒蛋》。我曾经专访招商银行这次活动的负责人，了解他们是如何策划出这样的爆款的。他对我说，这个广告的投放费用只有 50 万元，但正是因为只有 50 万元预算，所以他们选择在周三到周五根据腾讯广告给的标签选择有留学经历、有海外消费的人群投放广告，然后分批次投放了北京、上海、广州、深圳四个城市。

为了保证效果，在投放之前，他们还在订阅号"招行微刊"上发布了一篇测试帖，阅读量高达 545 万，创造了历史。于是在投放的第一天，这个视频很快就登上了百度热搜榜第一位，在微博热搜榜上排在第七位，热度甚至超过了宋仲基和宋慧乔结婚。最终，这个视频大约触达了 50 万人，平均 1 元一次触达。

这就是精准投放的威力。

但是，在投放的过程中，别仅仅把广告指向产品销量和品牌曝光，这是一种非常短视的行为。要想办法把买到的流量沉淀到自有媒体，自有媒体可以是公众号，可以是官网，也可以是个人号。但不管是什么，一定要导流到自己的私域里。这样才是得到了免费的、可重复使用的流量。否则，每一次的销售和曝光，都需要重新购买流量。

第二，利用赢得媒体，就是用优质的内容，触达第二层、第三层甚至更多层的用户。

赢得媒体指的是你的内容在上面发布后，会引起别人自愿帮你转发、传播的媒体，比如微信朋友圈和微博。

在微信、微博这类拥有数亿用户的大平台上，如果你创作了一条非常有价值的内容，可能会有大量的人帮你转发。转发并不是因为你付费给他们，而是因为你用内容打动了他们。转发所带来的新用户就是你赢得的，这就是赢得媒体。

拼多多就是靠赢得媒体方式成长起来的。顾客可以买到便宜的商品，但需要多个人一起拼团才可以购买。为了能拼团，人们会把链接分享给很多朋友。分享给朋友这一操作所带来的新用户，就是拼多多赢得的。正因为如此，拼多多在三四年间就积累了三四亿的用户。

招商银行的广告能风靡全国，也是因为这个原因。招商银行的那位负责人告诉我，在制作那支广告之前，他们发放了5000份问卷，对50个留学生以及10对父母进行了访谈，发现了这样一个故事：有个留学生在参加一个聚会时，每个人要做道菜，但是他不会，只能通过微信语音让妈妈远程一步步教他做最简单的番茄炒蛋。而那时，国内是凌晨，他的妈妈本应在熟睡中。这个故事感动了所有同事。

而且，他们还进行了数据调研，发现在百度上有46万人搜索过同一个问题："番茄炒蛋是先放番茄还是先放鸡蛋？"

在他们看来，这是一个被验证有效、自带流量的话题。再加上这道菜也没有南北方差异，全国人民都会吃，容易引起更广泛的共鸣。所以，他们选择了"番茄炒蛋"这个创意。

另外，他们还在短短 4 分钟的视频中加入了种种冲突，比如孩子聚会的热闹和父母深夜的冷清；比如孩子很久才回复信息，父母却是秒回；比如父母得知很成功之后的喜悦，但回复的内容只有两个字"好的"和一个笑脸表情。

这些细节处处戳中人心，都会让观看者感同身受，让人动容。

因为内容优质，有 48 万人看到这支广告后参与转发，达到了 4700 万次视频播放量，再加上大量的自媒体转发，可监测的总播放量过亿次。

这就是用优质内容触达更多层用户的能力。

同样，在创作优质内容上，也要记住别只把内容指向产品销量和品牌曝光，也要想办法转化沉淀到自己的私域。

几十万的用户比几十万的销量和曝光更加重要。

第三，除了把流量从付费媒体和赢得媒体转化沉淀到自有媒体，你还可以把线下的流量导流到线上。

比如完美日记。完美日记是在这三年里异军突起的一个美妆品牌。雕爷（阿芙精油创始人，孟醒）说，一支 300 元的口红，成本价一般不到 30 元，中间 270 元都是旧渠道的交易成本，比如广告、代言、线下门店等成本。当完美日记用互联网销售口红，大量削减了交易成本后，居然可以把口红的价格降到 60 元。60 元 VS 300 元，消费者不傻，于是完美日记的口红上市后，很快就获得了大量追随者。但是，成就于线上的完美日记却在线下开起了店，这是为什么呢？

我在长沙完美日记线下店的一次经历或许可以回答这个问题。我在店里闲逛的时候，一个小姑娘走过来对我说："随便看，随便看，今天扫一下二维码，还送一盒化妆棉呢。"我立刻明白了，完美日记就是通过类似的扫码送化妆棉的方式，加用户的个人微信，并由此积累了几百万微信好友。

我的微信公众号有 220 万用户，每天可以发一篇文章。而完美日记有几百万微信好友，每天可以发（理论上）无限条朋友圈。消费者到门店来买一次口红，就是一次触点，一个消费者一年可能也来不了几次。但是一旦加了好友，进入私域用户池，最终进行兵团化管理，这个触点就会变成无限次，可以使完美日记无限次免费触达用户。

所以，对完美日记来说，开店的核心也许不是卖东西，而是加微信。这听上去很不可思议，但是别忘了，加微信能用一次触点换无限触点。新的零售时代，不是回到线下，而是回到线下后，把人拉回线上，拉进私域用户池。

最后记得，当你拥有自己的私域后，要限制使用、谨慎使用、合理使用，不给用户增加负担，尊重用户体验，这样私域才会越来越大，越来越有价值。

在今天能打到猎的时候，要懂得储备粮食

有人可能会问：既然私域用户这么有价值，为什么很多商家前几年不做私域，现在才开始做呢？

因为对企业来说，前几年从公域购买流量更划算。而建立私域用户池却需要一定的投入。比如，专职的私域运营、内容创作等人工成本都是企业在初期就要投入的，而且这些成本从本质上来说是固定成本，也就是说，无论你有多少私域用户，都要投入同样的成本。

于是，在这个时期，很多人自然而然地选择了从公域直接购买流量，而不是花很高的固定成本自建私域。尤其是互联网、移动互联网刚刚兴起的时候，因为购买流量的商家不多，所以线上的流量比线下便宜很多。

这个时期，我们就叫公域红利期。

只要有红利，就一定会吸引大量的人加入，而一旦大量的人开始在公域用户池中抢夺流量，势必推高公域流量的价格。这时，很多企业买不起流量了，可是，没有流量就没有交易。

这时，你会发现，那些提早就开始做私域的企业活得越来越好。比如我在 2020 年参加腾讯生态大会时采访的三家企业：宝龙集团、绫致集团、泸州老窖。

当时腾讯之所以请这三家企业参加生态大会，是因为即

使在疫情的冲击之下，这三家企业仍然创造了不错的业绩。我问它们是怎么做到的，难道有什么点石成金、扭转乾坤的方法？

时任宝龙地产联席总裁的陈德力说，宝龙在过去两三年里一直在运营自己的 App（宝龙广场在线），勤勤恳恳地把线下用户迁移到 App 上。在新冠肺炎疫情之前，宝龙广场在线 App 的用户规模已经达到百万级。疫情突然来袭，线下零售受到重创，各个企业开始在微信小程序里做直播带货，宝龙也是如此，并且把这个巨大的用户中台开放给了微信小程序。没想到的是，直播销量居然比线下实体商业平常的销量高了 7 倍。

绫致集团的智慧零售业务负责人牟楠希说，绫致在线下有几千家门店，通过加微信的方式积蓄了几百万微信和企业微信的"私域用户"。所以，在疫情期间，绫致组织了成百上千场直播，生意不降反升。

我很惊讶："天啊，几百万微信和企业微信的连接，你们是怎么一下子聚集这么多用户的？"

牟楠希说，不是"一下子"，是连续几年勤勤恳恳不断地耕耘，而且是深耕。通过提前一年、两年甚至三年时间，做好组织架构、产品技术的铺垫，它才能在绫致迫切需要时有一个好的爆发。

泸州老窖信息总监苏王辉说，泸州老窖几年前就开始推进"一物一码"的建设，瓶、箱、盒、盖以及物流五码关联，这不仅解决了渠道窜货问题、产品溯源问题，还用各种活动激发用户扫码加入会员。现在泸州老窖的会员数已经是一个庞大的数字。在疫情期间，泸州老窖很好地利用了会员体系，触达率、复购率、连带率都有了很大的提升。

原来如此。这三家企业，每一家所讲述的都不是力挽狂澜、扭转乾坤的故事，它们的成功都得益于它们长期经营的私域用户。微信小程序、企业 App、企业微信、会员制，就是这三家企业深耕的"私域流量"，它们充分享受了私域流量的红利。

所以，它们逆势上涨的原因不是因为在疫情期间突然做了什么，而是因为在疫情之前的很长一段时间里一直在做什么。

不是它们找到了什么窍门，有了什么捷径，可以便宜地拿到公域流量，而是它们在公域流量成本还比较低的情况下，就开始默默耕耘，长期且认真地做私域，最终才有了如今在私域产出阶段的累累硕果。

但是在前几年，做私域流量是没有任何收入的，这需要战略眼光。

什么战略眼光？

做私域流量，需要长期耕耘，必要时刻方可派上用场。而长期做私域流量，是件固定成本很高，边际成本很低的事情。

假设做一个微信公众号，每年投入的固定成本是 100 万元。无论服务 10 个、100 个、10 000 个用户，固定成本都是不变的。当服务 1 万、10 万、100 万个用户时，成本分别是每人 100 元、10 元、1 元。如果每年可以触达用户 200 次，那每次触达的成本依次变为 0.5 元、0.05 元、0.005 元。用户数增加，平摊到每个用户身上的成本变低，这时，边际成本不断递减。当覆盖的用户数越来越多，边际成本便不断趋向于零。

只有当用户数量够多，边际成本变低时，才能体现私域流量的价值。而这份价值，是需要靠前期固定成本投入、时间投入慢慢累积起来的。

今天这些成功地用私域流量带来转化、获得利润的企业或商家，其实是在公域流量成本还比较低的情况下，就已经开始默默耕耘了。

所以，做私域流量需要战略眼光，好好布局。在今天能打到猎的时候，要懂得储备粮食。机会属于有准备的人。

自媒体和社群带来巨大的"新流量红利"

我在《趋势红利》中曾经说过："做零售的逻辑，就是不断地寻找新的流量红利，比如会员、直销、自媒体、社群，直到再被抹平，永不停止。"

在自媒体中，"新流量红利"可能来自那些迅速成长的公众号，比如"段爷""六神磊磊"。这些公众号迅速获得了大量关注，价值很大。如果你在上面投广告，价格可能远远低于传统线下媒体，甚至远低于传统互联网媒体。

所以，迅速成长的自媒体，是企业在线上的"黄金地段"。这些自媒体可以给合作的企业带来巨大的"新流量红利"。

自媒体的繁荣，被业内人士称为"内容创业井喷"，这是流量碎片化时代的开端。未来，流量将从 BAT 等平台的垄断走向以社群为单位的碎片化时代。优质内容是建构这个社群的重要武器。

因某种原因（比如兴趣、背景、目的等）而聚集在一起的人群，我们称之为"社群"。社群有多种组织形态，比如一些垂直社交软件，像陌陌（陌生人交友）、雪球（理财炒股）等；或者是有个性的公众号，比如凯叔讲故事（2 ～ 8 岁的孩子和他们的父母）、吴晓波频道（财经读者）；再或者只是一个微信群，比如"虫妈邻里团"（团购生鲜水果），以及各种各样的学习群（聚集着各个领域的学习者）。

所有拥有用户关注度的主体都可以把关注者经营成社群，所有拥有社群的经营者都是流量的稳定入口。这些新的流量入口，是企业获得新客户的重要渠道。

自媒体和社群，是不一样的流量红利，其变现手法，也与传统流量不同：可以是好玩的广告，也可以是自营电商。

比如，音乐交通台有 30 万粉丝，如果直接群发一条

MINI Cooper 的广告，粉丝一看是广告，可能马上就会删掉。所以，广告这种变现手段的效果现在很差，尤其是在移动互联网时代，消费者的脑中都已经"预装"了广告过滤系统。但如果音乐交通台向 MINI Cooper 要两辆车，每辆车都有半年的试驾权，分两年兑现，就可以针对 30 万人搞一个活动，从 30 万人里抽四个大奖，一定会吸引无数关注。这样，音乐交通台不仅收了广告费，还给粉丝发了福利，MINI Cooper 也宣传了自己。

再比如，知名设计美学博主顾爷曾经在公众号上搞过一个"猜题拿口令抢红包"活动，粉丝只要猜对问题答案，就可以获得支付宝现金红包口令。这个活动，大获粉丝好评。顾爷获得了收益，粉丝享受了福利，支付宝也宣传了自己。

通过上面的两个例子，我们可以看出：自媒体和社群有明显的群体特征，多方获益的"增益型"变现方式正在取代传统的"消耗型"变现方式。

这也是为什么越来越多的自媒体和社群选择自己做电商，而不是简单地给别人做广告。吴晓波频道卖"吴酒"和"传统企业千人转型大课"，罗辑思维卖会员和定制图书，凯叔讲故事卖"'凯叔西游记'随手听"故事机，都是比较成功的自营电商案例。

自媒体和社群，正在逐渐打破 BAT 的流量垄断，成为新的流量入口。它们将用好玩、有趣的变现方式，为企业提供超高性价比的流量。

新的流量红利已经诞生，愿你能抓住它，更上一层楼。

通过私域流量撬动 To B 业务

我带着一些创业者和企业家去游学参访时，大家讨论到一个很多人关心的问题：To B 很重要，很多人想转型做 To B 业务；私域流量也很重要，很多人也想做私域流量，但是，如何通过私域流量，撬动 To B 业务？或者说，正在做 To B 业务的人，如何做私域流量？

其实，To B 业务的关键在于决策流程和复杂度，这也是 To B 和 To C 的最大区别。

To B 的决策流程很长，长到几乎可以抹平一切冲动，让所有购买冲动最终趋于平静。如果说 To C 的消费决策以"秒"计，To B 的消费决策就是以"月"计，甚至以"年"计的。

假如你要买一部华为手机，哪怕再贵，一万元钱也差不多了，如果你特别喜欢，咬咬牙花一个月的工资也就买了。但是，如果你要买一套华为的交换机设备，那可不是一万元钱的事，一个基站就是几百万元，一个单子可能上亿元。几百万元、上亿元的金额，就算你再喜欢、再冲动，也没办法迅速决策。

开会立项，招标投标，展示宣讲，打分评分，交付服务……每一步，都是马拉松式的斡旋和谈判。

所以，To B 业务不是靠冲动消费来拿下客户的，要靠 BD（Business Development，商务拓展），靠销售，去影响，去磨，去耗，去说服。

To B 的业务就是持久战、消耗战、堑壕战。

那么，To B 的业务和私域流量有什么关系？

私域流量的本质，其实就是"长远而忠诚的客户关系"，说得更直白一些，就是"更便宜的、可以反复使用的流量"。

长远而忠诚的客户关系，说的其实是对方对你是否足够信任。更便宜的、可以反复使用的流量，说的其实是复购率。

信任和复购率恰恰是 To B 业务的核心，因此，私域流量是天然适合 To B 业务的。

如果你想做 To B 的业务，那么你应该有自己的私域流量，在"私域流量"里面，可以进行客户的维系、转化和拓展。

可是，怎么才能拥有自己的私域流量？

先要用好自己手中的微信。

有一位创业者，他的团队有十几个人，他们用 50 部手机把自己的客户都添加到了微信中，在微信中和客户进行交流。有人说"这样做也太麻烦了吧"，但是他们就是用这样看起来非常"蠢笨"的方式，做到了一年上亿元的流水。

这个例子是偏向 To C 业务的，但这依然可以给我们不少启发。在 To B 的业务中，因为市场更分散，客单价更高，客户数量相对没有那么多，所以做私域流量会更加简单。

微信，是我们最熟悉的工具，也是和客户交流最多的场景。我们可以把客户沉淀到微信中。当然，不是所有的客户都要沉淀，这些客户应该是最有价值的那些人。

"最有价值"体现在两个方面。

第一是能影响到业务的人。在 To B 的业务中，有一个很重要的能力——"顺杆爬"，即能从一个前台顺藤摸瓜一路找到 CEO。而这些人都应该在微信中。在微信的备注里，还应该记录着这些信息：职位、生日、爱好甚至家里养的是什么宠物；他和其他部门人员是什么关系，信赖、中立还是竞争；你们之间是什么关系，陌生还是熟悉；等等。在传统的销售中，这些信息被称为"作战地图"，现在这些信息都可以放在微信中。这些人、这些信息会左右着业务进展，甚至决定着成败。

第二是那些被筛选过的人。比如，见过面的才会加微信，朋友推荐的才会加微信，你认可的人才会加微信，其他的一律不通过。这种筛选会让彼此有更多的认同和信任，更重要的是能提高朋友圈的质量。每一个好友的位置都很稀缺，只留给那些真正有价值的人。朋友圈的质量也会决定业务的质量。

真正能做好 To B 业务的人，都有一种特质：不卑不亢。也就是我们常说的，上与君王同坐，下与乞丐同行。

我在微软最后一个职位是战略合作总监，有时候要代表微软去和一些省长、市长吃饭，聊聊怎么进行战略合作。如果见到有权势的人就开始犯怵，唯唯诺诺，话也不敢说，头也不敢抬，那合作多半是谈不成的。有的时候，我也会和一些比微软小得多的公司进行交流。如果这个时候，我显得非常傲慢和狂妄，那么别人对我的印象也不会好。

换个场景，在微信中运营私域流量时，也是如此。

有的人见到比自己厉害得多的人，马上就凑过去，帮对方拿包，谄媚地说："我特别仰慕你，我能和你合张影，顺便加你的微信吗？"最好不要这样。同样，如果有人想来加你的微信，你也应该礼貌客气。双方是平等的，要不卑不亢。

做 To B 的生意需要不断影响对方。在微信中，朋友圈可以做到这一点。通过发朋友圈，你可以提醒别人你的存在，也让别人了解你。

有人问，在朋友圈发什么？发最有价值的东西。

我的一位学员的经验很值得分享：一是发自己真实的生活，这会让人消除距离感和陌生感，更加了解真实的你；二是发自己参加的活动，这会让人知道你是做什么的，更加了解你的业务；三是发自己独特的思考，这会让人对你产生信任，更加了解你的能力；四是少发广告，少发投票。

总结而言，就是每条朋友圈都要有价值。

在 To B 的业务中，大家经常会讲一句话："钱是领导向你开口要的最后一样东西。"如果你能提供更有价值的东西，如果合作能产生更大的业绩，是不会有人向你要钱的。开口要钱，说明你真的什么都给不了，只好向你要钱了。

这就是说，你要能提供真正的价值，要让人看见你有价值。

除了发朋友圈，还有什么影响方式？聊天。微信聊天是非常有效的交流方式。比如看到好文章，你发给他，这表示你的分享和品位；看到客户公司的好消息，你发给他，这表示你的恭喜和祝贺；看到负面的消息，你也可以发给他，提些建议，这表示你的关注和关心。

不管发什么文章，聊什么内容，都一定要有价值。

我曾经说过一句话："人脉，不是能帮到你的人，而是你能帮到的人。"这背后就是给予价值。

To B 业务真正做得好的人，除了成就自己，还喜欢帮助别人。因为机会是流动的，资源是互相对接的。

你有没有见过或者发过这样的朋友圈：

万票，我有一件什么事情，想找谁谁谁。

求助，我有一个什么需求，有谁可以对接吗？

请教，我有一些什么问题，想找人聊聊，请问可以介绍一下吗？

当你的朋友圈很有质量时，你就可以以举手之劳帮别人对接资源。总有一天，别人也会为你牵线搭桥。在 To B 的业务中，很多事情都是这样谈成的。

先帮别人解决问题，才会有人关心你的问题。

但是，帮别人对接资源时，千万不要赚这种信息不对称的钱。不要接受别人的"重赏"，更不要因为别人的"重赏"就未经同意拉群。

"因为这件事对双方都有价值，我就想让这件有意义的事情做成。"只有抱着这样的心态，你才能赢得人心。

有人问，这样做真的有用吗？

只要你自己是有价值的，自管花开，就会吸引那些会被吸引的人。

你可能会发现这样一件事情，当你这么做一段时间后，会有人来主动找你合作，但可能这个人之前没怎么聊过。

为什么会这样？

因为他两三年前就关注你了。看了你两三年的朋友圈、文章、视频，他一直在默默地了解你、观察你、考察你，直到有一天，他觉得你值得信任，可以合作。

以前做 To B 的生意，我们需要打电话、发短信，需要寻找人脉，但是在私域流量中，我们可以不用这么做。我们只要自管花开，就能影响到我们潜在的合作伙伴。

省下来的流量成本，就是你的品牌溢价

线下时代，我们总是强调品牌的重要性。而到了互联网

时代，似乎流量大过天，品牌不重要了。但是，品牌和流量从不矛盾，它们其实作用于消费决策的不同阶段。

如果你想买一瓶去屑洗发水，你拿起手机准备打开购物网站看一看，请问，这时你的脑海中是不是已经浮现出一个品牌了？海飞丝？很好，和我一样。

"海飞丝能去屑"这个认知，在你的"购前阶段"，也就是还不知道自己会不会买，什么时候买之前就已经触达你了。比产品提前触达你的就是品牌，品牌的价值是在"购前阶段"完成"心智预售"。

而流量，是在"购中阶段"完成"产品先至"。

一个消费者如果心中没有品牌，就会去电商平台搜品类，比如"去屑洗发水"。当看到网站上罗列的众多洗发水时，他会点击其中一款产品，这款产品比它的品牌先抵达消费者，这就是"产品先至"。

可是，产品为什么会先至呢？因为平台掌握了品类流量。比如红星美凯龙掌握了"家居"这个品类的流量，苏宁掌握了"电器"这个品类的流量，天猫和京东掌握了全品类的流量。如果你需要流量，就要花钱从这些平台购买某个品类的流量。

流量只有在消费者有明确购买意愿时才有价值。所以，流量可以在"购中阶段"帮助产品在一个品类中"付费插队"，使这个产品能比其他产品更早地触达消费者。

品牌的好处是锁定，但坏处是不精准。流量的好处是精准，但坏处是没有积累。所以，品牌是购前触达，流量是购中触达。

那购后用什么触达呢？产品。产品通过购后触达影响消费者的第二次消费决策。

在消费者完成自己的购买行为后，唯一还能触达消费者、影响消费者做出再次购买决策的，就是产品本身。有些饭馆你去吃过一次之后，就再也不会去第二次了，这样的饭馆，就算做再多的广告，买再多的流量，最终还是会"死"。因为在购后阶段，它们的产品是一个接不住流量的竹篮子。

所以，购前触达靠品牌，购中触达靠流量，购后触达靠产品。这三件事都是非常重要的，但是在不同时期，大家认为的重要性排序却是不一样的。

线下时代，流量是固态的。你租了一个门面，每个月有多少人光顾，总体而言是固定的，没有太大的优化空间。而且，在某些行业，产品的同质化很严重。所以，企业的发力点都在品牌上，也就是在购前触达上下功夫，比如，做电视广告、报纸广告、户外广告等。

到了互联网时代，流量变成液态的了，一个平台的流量成本可能比另一个平台低很多。所以，如何提高购中触达的效率变成企业尤为重视的事。这时，所有人都开始疯狂抢夺低价流量。而与低价流量能够带来红利相比，品牌广告被认为是一种浪费。

但是，所有的洼地都会被填平。随着流量生态的线下线上打通，流量洼地越来越少，流量成本越来越贵。现在，两枪必须打中一只兔子，不然子弹就不够用了。同时，兔子越来越少，子弹越来越贵。大家开始重新认识到购前触达也就是品牌的重要性。

品牌的价值是预售。如果通过品牌完成预售的成本比在品类里购买流量的成本低，那这个品牌就变成了一个依附于消费者心智而不是流量平台的真正的品牌了。

这时，你省下来的流量成本，就是你的品牌溢价。正如新潮传媒的创始人张继学所说："当流量成本的'购中流量'的红利消失后，品牌价值的'购前流量'价值会突显。"

但是，这时另一个问题出现了。广告界有一句话："我知道我的广告有一半是浪费的，只是不知道是哪一半。"品牌广告听上去的确很有价值，但是浪费的问题怎么解决呢？

答案是数字化。

首先，我们要明白的是，从根本上来说，浪费是因为连接得不精准。

举例而言，你在电视上投放卫生巾的广告，你知道，有一半的广告费浪费了；你在电视上投放老人鞋的广告，你知道，有80%以上的广告费浪费了（60岁以上老人占总人口的18.7%）。就算我们在机场投放奢侈品广告（因为坐飞机的人群平均收入比坐长途汽车的人群要高），坐飞机的人也有男女差异、老少差异、职业差异，这种广告投放依然是不精准的。

而这一切，可以通过数字化来解决。

在第 3 章，我举了新潮传媒的例子。新潮传媒在投放奶粉广告之前，会先看一下这个小区附近关于这款奶粉的百度指数，对于主动搜索多的地区，会进行重点投放。投完之后，再看一下京东店铺的销量数据，对于广告带动数据变化大的地区，就加大投放。利用来自线下、百度、京东的三组信息，他们精炼出了"精准用户在哪里"这个知识。最后，这款奶粉广告的投放效果大大提升。

这就是数字化，数字化大大提升了品牌广告的效率。

张继学说，为了提升数字化的效率，新潮传媒正在把社区里的大部分广告框架换成智慧屏。现在，他们已经安装了 70 万块智慧屏。

这些智慧屏的用处非常大。举个例子，沃尔玛想触达附近的消费者，原本需要挨家挨户往信箱里塞传单，但是现在大家基本上都不开信箱了，怎么办？沃尔玛可以采取一个更有效的方式，就是在沃尔玛 3 公里范围内的小区电梯里投放广告。但是，大家去沃尔玛买东西，大多是周五晚上和周六、周日。这就意味着，周一到周四的广告投放价值很小。这时，智慧屏就派上用场了。在数字化的智慧屏上，沃尔玛的广告可以被设定为只在周五、周六、周日展示，而且广告全自动下发，不需要工作人员上门更换。这样一来，沃尔玛就可以节省一半以上的广告成本。这就是"时间精准度"。

再举个例子，贝壳找房是一家连锁的房地产中介公司，每个小区由不同的门店来负责。于是贝壳找房提出：投放在每个小区里的广告能不能不一样呢？这样就能使不同小区的电梯广告面向住在这个小区或者对这个小区感兴趣的消费者。这在以前是不可能做到的，但是在数字化的智慧屏上却轻而易举。现在，贝壳找房在每个小区投放的广告都不一样，广告的效果大大提升。这就是"产品精准度"。

一旦用数字化武装了品牌广告，用户的创造力就被激发出来了，他们的那些以前想不到的需求，开始被满足。

比如，有一个人不小心丢了狗，于是，他就在附近几个小区的电梯里投放了找狗的广告。这比在电线杆上贴寻狗启事的效果好多了，最后，狗真的被找回来了。

还有一个人，他在外地上班，父亲生日这天，他在父亲所住小区的电梯里投放生日广告，祝父亲生日快乐，邻居、父亲的好友们都看到了，这位父亲特别高兴。这显然比发一条祝父亲生日快乐的朋友圈更好。

一边是竞争激烈导致"购中阶段"的流量成本不断升高，一边是数字化导致"购前阶段"品牌广告的成本不断降低，企业会选择哪一个呢？所以，现在你应该可以理解为什么建立品牌重新变得热门起来了。

张继学的新潮传媒现在已经有 20% 的电梯媒体实现了数字化，未来，这个数据将被逐渐提升到 50%。他想把新潮传媒变成线下的抖音。

一定有很多人好奇：为什么是电梯媒体？现在，已经有越来越多的人习惯于低头看手机，在电梯里也是如此，电梯媒体真的还有用吗？

我也有这样的疑问，并且把这个疑问抛给了张继学。

张继学说，客观而言，用户的时间一定是不断地被重新分配的。但是随着移动互联网的普及，他们发现，电梯媒体不但没有被消灭，价值反而越来越大。这可能和人们的"三类时间"有关。

什么是"三类时间"？就是整段时间、碎片时间和比碎片更碎片的背景时间。

比如看电视剧的时间就是整段时间。你一看就是几十分钟，目不转睛。哪怕中间插入了一个广告，你也不会换台。这段时间，除了是整段的，还有一定的强制性，你不可能跳过去。

移动互联网抢占的是整段时间中间的碎片时间。你拿起手机看视频，看了 10 分钟后，你发现有事要做，于是放下手机开始忙，等忙完了，你又拿起手机继续看。这些零零散散的碎片时间加在一起也不容小觑。

但是，碎片时间存在的问题是，用户可以随时离开，比如看到广告了，用户就离开了。营销学有一个著名的"7次理论"，意思是说，你重复触达用户7次后，他才能对你留下印象。可是，如果用户在看短视频时看到同一个广告7次，他可能早就不耐烦地"主动"跳过了。所以，形成7次记忆并不容易。

而电梯里的时间，我称之为"背景时间"。电梯是人们的必经之路，虽然电梯里的广告通常只有短短的30秒，但人们一进电梯就能看到。所以，背景时间虽然比碎片更碎片，但有一定的强制性。其实，不只是电梯广告，公共汽车站的灯箱广告、地铁广告等，抢占的也是人们的背景时间。如果这些广告采用的是视频的方式，背景时间的利用率就会得到很大提升。所以，电梯广告对建立7次以上的重复触达是很有价值的，很可能成为建立新品牌的利器。

如果说过去的广告比的是创意的话，今天的广告比的则是对被数字化赋能的传播学的理解的深度。

你打算如何用品牌的预售价值节省你的流量成本呢？

祝愿越来越多的中国企业，能从国货走向国牌，能从依附于流量平台到依附于消费者的心智。

第 7 章

跨境加时赛

跨境电商已是一片红海

2021 年，还有一个战场腥风血雨、血流成河，无数人杀红了眼。本来很多人以为这个战场即将封神排位、盖棺定论，但是，突然发生了很多变化。这个战场就是跨境电商。

2021 年 4 月，我在深圳参加了一场跨境电商论坛，做主题演讲。我像平常一样开始演讲，可是讲到一半，主办方的副总裁突然走上台，在我耳边小声说："润总，不能讲下去了，警察来了。"

原来，现场聚集了太多人，而外面还有更多人想进来，这导致局面有点失控。安全起见，主办方决定暂停演讲。

在警察的护送下，我紧急离开了现场。当经过会场外面的走廊时，我看到了围在门口，因为限流而进不了主会场的焦急等待的人们。

这场活动，现场可以容纳 4000 人，但主办方接受了 15 000 人的报名——根据以往的经验，这样的全国性活动，虽然有

15 000 人报名，最终能来的不过是四五千人。但没想到的是，这次所有报名的人几乎都来了。外面的人想进来，里面的人不想出去，警方只能疏散人群。

是因为我的演讲太吸引人吗？别开玩笑了。我当然知道，他们的疯狂不是因为我，而是因为这个论坛的主题——"跨境电商"。在这个领域里，上演着无数令人惊叹的财富故事。"年入千万""90 后""财富密码"……这些元素任意组合在一起，足以令很多人争先恐后，"选择性无视"其中的风险，以及从事这一行所需要的品牌化运营经验、供应链和物流体系"专业化"掌控能力、选品能力、资金和资源。没有人愿意错过机会，尤其是井喷式增长的机会，于是无数人奋不顾身地进入这个行业。

演讲暂停后，很多人仍然不愿意离开。有一位来自山东的女士，还抱着孩子，她对工作人员说："我是专程从山东来的，就是为了参加今天的论坛，我不能出去啊。我在里面帮你们维持秩序吧，万一演讲恢复了呢？"我听到这句话的时候，心里有点不是滋味。这句话的潜台词是：我不知道前方是什么，但万一那是一个暴富的机会呢？

跨境电商为什么如此火爆？

2020 年 9 月 25 日，我参加了一场活动，有很多从事跨境电商的企业家参与。活动期间，我和几家年销售额几亿元、几十亿元的跨境电商头部企业的经营者进行了沟通。他们告诉我，新冠肺炎疫情出现以来，跨境电商反而获得了高速增长。

新冠肺炎疫情对整体经济造成了极大的影响，但与此同时，海外国家的电商渗透率大幅提高。两相对比，由于电商渗透率提高带来的影响更大，跨境电商出现了迅猛发展。

什么是电商渗透率？简单来说，就是总体零售中电商零售的占比。电商渗透率越高，说明通过电商购物的人就越多。

易仓的创始人陈磊告诉我，在新冠肺炎疫情暴发之前，美国人买东西，大约有11%[一]是在线上完成的，更多人其实还是习惯在线下购物。但是，新冠肺炎疫情突然来了，出门受限了，大家不得不开始在线上购物——美国在线零售份额占比陡升到22%[二]。

从11%到22%，这对美国线下店是挑战，但对大量活跃在亚马逊、eBay这些电商平台上的卖家，是巨大的红利。

这是美国的情况，海外有些国家或地区的电商渗透率增长速度更快。比如拉丁美洲地区，原来消费者几乎没有线上购物习惯，因为新冠肺炎疫情，开始学习在线上购物。

很多人说，2003年的"非典"激活了中国的电商市场，那么也可以说，这次的新冠肺炎疫情激活了海外很多国家的

[一] https://unctad.org/system/files/official-document/tn_unctad_ict4d18_en.pdf.

[二] 数据来自万事达卡经济研究所。

电商市场。如果你觉得 2003 年已经比较遥远，那么不妨回想下，新冠肺炎疫情暴发之初，很多从来不会线上购物的大爷大妈是不是开始抢着在电商平台买菜了？

"全球需求下降，供给下降得更厉害"与"全球电商渗透率陡升"这两浪叠加，造成的结果就是：2020 年，不少跨境电商企业都获得了翻倍甚至几倍的增长。2020 年，中国 GDP 的增速是 2.3%[⊖]，但跨境电商行业的增长（出口增长）达到了惊人的 40.1%[⊜]。

那么，这次增长是只有国内的跨境电商企业增长迅猛，还是所有跨境电商企业都增长迅猛？

几家头部企业的经营者告诉我，其他国家的企业增长一般。最重要的原因是中国的制造业供应链完备，这是我们相对其他国家的一个极大优势。当然，除了这一点，还有一个不可忽视的原因是，中国企业在电商领域有着强大的运营能力。2003 年，电子商务就在中国兴起，在这近 20 年里，我们培养了大量电商行业的运营人才。相较之下，很多海外国家的电商才刚刚起步。这也是中国跨境电商行业得以高速发展的一个原因。

这同时说明了一件事：新冠肺炎疫情只是跨境电商高速发展的助推剂，没有新冠肺炎疫情，依托完备的供应链和强

⊖　数据来自世界银行网站。
⊜　http://www.gov.cn/xinwen/2021-07/13/content_5624504.htm.

大的运营能力，中国跨境电商行业仍然会发展得很好。

我们以 2015 ～ 2018 年的数据（见图 7-1）为例。

图 7-1　2015 ～ 2018 年我国跨境电商进出口总额及同比增长率

注：数据来源于中华人民共和国海关总署。

通过图 7-1，我们可以直观地看到，新冠肺炎疫情之前的这几年跨境电商也呈现增长趋势。这个行业本身就处于红利期，处于快速增长阶段。

正因为如此，才会出现跨境电商论坛上人流蜂拥而至的那一幕。那么，现在做跨境电商究竟还有没有机会？

其实，2019 年下半年，跨境电商领域的竞争就已经非常激烈了，因为新冠肺炎疫情的影响，市场扩大了很多，但市场里的人也越来越多。所以，如果你想赚一波红利，不一定有机会，因为跨境电商的门槛是越来越高的，这个门槛包含了人才的门槛、资金的门槛，投资回报的周期也会越来越长。

为什么跨境电商的门槛越来越高？

我们就分别从零售生意最基本的资金流、物流、信息流等要素来说。

1. 资金流

资金流比较简单，对跨境电商商家来说，除了前期可能需要垫付的资金，最大的成本就是手续费等。交易时使用美国的支付工具 PayPal、信用卡等，手续费是 4% 左右，如果用支付宝的话，这 4% 左右的手续费是可以节省下来的。但是海外消费者几乎没有支付宝，他们只能用 PayPal、信用卡等付款，所以，如果海外消费者花 100 元购买了你的商品，你大概要将 4 元钱付给 PayPal 等工具。这笔费用是需要你来承担的，这在无形之中就增加了你的成本。

2. 物流

说起跨境电商的物流，不得不提我发现的一个现象。我们知道，2021 年很多跨境电商企业获得了高速发展，但在我沟通过的几家企业里，有两家做国内直发的企业 2021 年的业绩却增长一般。

要理解为什么会出现这样的现象，首先要理解跨境电商的物流方式主要有两种：一种是国内直发，一种是海外仓发货。

国内直发，顾名思义，就是通过快递从企业自己的仓库直接发货给海外的消费者，这种物流方式从国内到海外主要用空运。

海外仓发货则是先把企业的货物发到平台在海外的各个仓库，消费者下单后，从这些海外仓直接发给消费者。这种物流方式从国内到海外仓站点主要用海运。

2021年采用国内直发的企业之所以业绩增长一般，是因为受疫情影响，空运的成本大幅上升。举个例子，如果海外消费者花100元买了一款产品，那么，在空运成本没有上升之前，这100元里面大概有35元要花在物流上。然而，新冠肺炎疫情之后，空运的运费翻了3倍甚至4倍。这时，这个产品继续卖100元，这100元恐怕连运费都不够。于是，企业只有一个选择，就是涨价。但是，一旦涨价，销量就会下降很多。

当然，如果我们细分到小品类，情况肯定各不相同，有的小品类就获得了爆发式增长，比如防疫物资。在这里，我们只从行业整体趋势的角度进行考量。

那采用海外仓发货方式的跨境电商企业的物流成本没有上升吗？受新冠肺炎疫情的影响，成本也上升了。但是与空运相比，海运的物流成本要低得多。以消费者花100元买海外仓商品为例，这100元里物流成本大概只占10元。

既然如此，为什么还有很多企业选择国内直发而不是海外仓发货呢？这与品类有很大关系。还有不可忽视的一点是，如果选择海外仓发货方式，资金占用时间会非常长，毕竟在船上的时间和在海外仓仓库里堆放的时间都要考虑在内。如果不快速卖出去，资金成本更高。所以，这就需要跨境电商企业对未来的销售情况有更加精准的预测。

当然，这种海外仓发货方式，货到消费者手上的速度比国内直发快很多，消费者体验更好——毕竟，商品是从海外的各个仓库站点直接发到消费者手中的。所以，各个平台都会在流量上对海外仓进行各种扶持。

3. 信息流

说完物流，就谈谈信息流吧。在平台上做跨境电商业务的流量成本大概是多少呢？

我们以亚马逊为例。亚马逊是根据品类抽取佣金的，佣金比例在 8% ~ 45%。除了要给亚马逊交佣金，跨境电商企业若想让自己的产品卖得更好，还要在电商平台上投广告。这些付给电商平台的费用，大概可以理解成跨境电商企业要付给电商平台的流量费。

如果不入住电商平台，而是自建站呢？我们以通过 Shopify 建站为例。

简单来说，Shopify 是一站式 SaaS（Software as a Service，软件即服务）电商服务平台，为电商卖家提供搭建网店的技术和模板，帮助卖家管理全渠道的营销、售卖、支付、物流等环节。Shopify 的收费标准是根据品类抽取 0.5% ～ 2% 的佣金，这比亚马逊的抽佣比例低很多。但是 Shopify 是没有流量的，所以商家还需要自己去 Facebook、谷歌等获取流量。举例来说，通过自建站做成一单生意，流量成本会占到 30% ～ 45%。也就是说，海外消费者花了 100 元在你的自建站上购买了一款商品，那么这 100 元里，你有 30 ～ 45 元要付给 Facebook、谷歌等，成本也不低。

尽管如此，自建站仍然是非常有必要的，因为它能使商家直接接触客户，收集更多的客户数据，能使资金周期更短，交易也更加安全。作为跨境电商商家，不能仅仅把当前的流量红利沉淀在销量上，而要把红利通过自建站等形式沉淀在品牌上。毕竟，所有产品的最终归宿都是品牌，品牌是持续的流量来源。

由此可见，跨境电商领域的竞争将会越来越激烈。而大量的国内电商企业、贸易商、生产商都被一种叫作"FOMO"（Fear Of Missing Out，错失恐惧症）的情绪笼罩着、控制着，疯狂地涌入跨境电商行业，生怕和发财的机会擦肩而过。跨境电商瞬间变成一片红海，甚至一片血海。所有的资源都因为争抢而匮乏，因为匮乏而涨价。看上去，跨境电商的红利期已走到尽头，如何在未来脱颖而出，成了所有跨境电商卖家都关心的事情。

真正的利润来自客户"不想离开"

在所有影响跨境电商的要素中，集装箱海运成本的大幅上涨是不容忽视的一个。

你知道是什么促进了全球化吗？有很多因素，但其中有一个因素很容易被人们遗漏，那就是集装箱的发明。

20 世纪，美国卡车司机马尔科姆·麦克莱恩（Malcolm Purcell Mclean）发现，卡车运输是很高效的，但是很贵；水路运输很便宜，但是速度特别慢。他想，能不能水陆联运呢？于是，他用卡车、吊车、平板船接力，发明了"一个箱子、一种货物、一个目的地"的运输方式，大大提高了效率，降低了成本。集装箱由此诞生。

如果不是因为新冠肺炎疫情，把一部 iPhone 13 从深圳蛇口港运到韩国釜山港，只需要几分钱的运输成本，低到几乎可以忽略不计。正因为运输成本低，大量的品牌商才愿意把原材料用集装箱运到中国，加工制造完后再用集装箱运回本国。通过这样的方式，海洋似乎变"小"了。所以，我在我的得到课程"商业通识"里说：麦克莱恩"折叠了海洋"。我们甚至可以说，没有集装箱，就没有全球化；没有集装箱，就没有中国制造。

但是，你知道今天是什么阻碍了全球化吗？还是集装箱。

因为新冠肺炎疫情，全球需求下降，但全球供给下降得更厉害。所以，最早恢复的中国供应链，把满载货物的集装箱运到美国、欧洲国家，但并没有太多的货物需要从美国、欧洲国家运回中国，所以大量空集装箱滞留海外。

缺运力，缺集装箱，怎么办？为了解决这个问题，很多货运公司把空集装箱运回中国。"空集装箱进口"的成本最终被加到了"出口"身上，于是，集装箱海运成本越来越高。最终，一个集装箱的海运成本从不到 1500 美元涨到了 20 000 美元。跨境电商行业也因此一下子从 2020 年的一飞冲天变成了 2021 年的跌落谷底。

我认识很多跨境电商企业的经营者，他们总有人会问我："润总，你判断集装箱海运成本什么时候能降下来？"

我说："你们真的希望它降下来吗？"

一个行业能不能比另一个行业挣钱，是看这个行业有没有"红利"。但是这个行业中哪个环节或哪个企业能挣钱，就要看哪个更"稀缺"。在一个价值链条中，谁稀缺，谁就挣钱。所以，集装箱海运成本降下来真的是好事吗？如果连最稀缺的资源——物流的价格也降下来了，就意味着跨境电商行业的这波红利已经彻底结束了。那些纯粹凭着一腔"想赚钱"的热血和"碰碰运气吧，万一挣到钱了呢"的心态进入的"小白"，会凭实力把自己曾经靠运气挣来的钱赔光。

我曾经访谈过不少做跨境电商的人，他们的公司规模各不相同，有年销售额几千万元的，也有几十亿元的。对于我提出的问题，他们一向知无不言，言无不尽，这让我非常感激。但是，当我问到"你们是做什么产品的"时，他们都会面露难色，非常犹豫地回答我，然后反复叮嘱我："润总，千万别告诉大家。"

我问："为什么？"

他们说："这是行规。大家交流经验可以，但不能谈到具体的产品。我好不容易找到一个赚钱的品类，如果别人听说赚钱也来做，那我就不赚钱了。"

肯德基会请求你"千万不要告诉别人我们是做炸鸡的"吗？星巴克会请求你"千万不要告诉别人我们是做咖啡的"吗？跨境电商企业在物流成本高企时居然要靠"不能让别人知道我是做什么产品的"这种信息不对称来赚钱。那么，万一运气不好，别人碰巧也做了这一个品类，是不是利润就无从谈起了？

那靠什么挣钱？靠打好最后一段"跨境加时赛"挣钱，把红利变为真正的利润。

假如满分是 10 分，中国出口跨境电商的总规模原来是 6 分，因为新冠肺炎疫情，这个总规模当下涨到了 9 分。新冠肺炎疫情结束后，一定会有一些客户出于对原来品牌的习惯和对你的产品与服务的不满，回归原来的品牌。所以，新冠肺炎疫情结束后，跨境电商行业的潮水会退去，分数会从 9 分掉下来。

但是，无论如何，分数一定不会掉到 6 分。这是因为还有一些客户会觉得：哇，原来你们家的产品与服务一点都不比别人的差，以后就买你们家的东西了。所以，总规模不会回到 6 分，可能会到 7 分或者 8 分。这波潮水退去后，没有被潮水带走的剩下的那 1 ～ 2 分，才是真正的利润来源。

真正的利润，不是来自客户"不得不来"，而是来自客户"不想离开"。

但是，最后到底谁才能在红利褪去后赚到钱呢？

这就要看大家在"跨境加时赛"中的表现了。

稳住，才能赢这场"跨境加时赛"

什么叫"跨境加时赛"？

2020 年新冠肺炎疫情刚暴发时，我咨询了很多专家，向他们请教新冠肺炎疫情大概什么时候会结束。他们的回答非常一致：看疫苗什么时候普及。根据当时疫苗的研发进展，他们估计，到 2021 年 7 ～ 8 月，疫苗应该能普及。

果然，到了 2021 年 7 ～ 8 月，全球的疫苗接种率大幅上升。根据世界卫生组织公布的数据，截至 2021 年 11 月 22 日，全球共接种了约 77.1 亿支疫苗。而中国已经接种了约 24.4 亿支疫苗，覆盖人口约 11 亿，超过全国总人口的 70%。

疫苗一旦真正普及，全球供应链将全面复苏。那时，跨境电商这一战才算真正结束。

但是，变数突然出现。2021 年 8 月，新冠肺炎病毒的德尔塔变种突然流行，这让本来已经打算进入"后疫情时代"的人们措手不及。从任何角度来说，德尔塔变种的出现都不是一件好事，整个世界将为此蒙受更大的损失。

此外，它带来了一个连带结果：跨境电商这一战"加时"了。跨境电商卖家多了一点点时间，把客户从"不得不来"变为"不想离开"。

这是一场意外的跨境加时赛，跨境电商行业的参与者们必须打好这场比赛。

那么，该如何打好这场加时赛呢？最重要的是服务好客户，维护好客户，保护好这些难得的资产。

可能有人会说：哪家公司不是在服务、维护客户啊？还真不一定。为了保护好这些海外客户，跨境电商卖家可能要付出更多。

为什么？

想一想：他们会找到你，是因为你的产品和服务足够好，效率足够高吗？不一定。是新冠肺炎疫情让很多海外客户不得不做出这样的选择。但无论如何，潮水总会退去。加时赛结束后，他们还会选择你吗？不一定。所以，作为跨境电商卖家，一定要给他们"确定性"，让他们觉得你是靠谱的、稳定的、值得信赖的，只有这样，才有可能在加时赛结束后让客户继续选择你。

具体应该怎么做呢?

也许可以试着从物流、资金流、信息流三个方面去寻找改进举措,在这个充斥着不确定性的时代给海外客户以"确定性"。

1.物流

跨境电商卖家怎么做才能让海外客户在物流上感受到确定性?最基本的一条原则是按时到货。

可是,跨境电商的物流路线长,再加上新冠肺炎疫情的影响,不确定性因素很多。比如,2021年3月23日发生在苏伊士运河的搁浅事件导致全球近1/3的集装箱运输停摆。再如,2021年5月21日深圳盐田港出现了新冠肺炎疫情,疫情之前盐田港承担着广东省超1/3的外贸进出口货量、全国对美贸易约1/4的货量,但疫情发生后,盐田港的作业量只相当于正常水平的30%。这时,如果你的货恰好在这些船上,那么你无论如何都没办法确保你的货能及时发给客户。但客户可不考虑这些原因,只要有一次没有及时收到货,你在他们心中就会减分。除了这些突发事件,海运领域还会出现"货柜荒""爆舱""甩柜""塞港"等一系列运力紧张问题。

为了应对这些挑战,跨境电商卖家可以从两点入手:一是提前准备,做好规划,二是把货放到海外仓。当然,这两个建议各有利弊，比如，用海外仓不但会提高仓储成本，同时会导致库存风险。所以，你需要认真权衡。

现在也有很多电子商务平台在发力解决物流问题，比如阿里巴巴国际站在数字外贸的基础设施建设上不断加码，尝试为商家提供更稳定的物流服务，帮助商家降低成本，提高确定性。

2. 资金流

资金流最大的不确定性，来自收款风险和汇率波动。比如，你辛辛苦苦做成了一单却没收到款，或者因为汇率波动，收到的钱款远低于预期，导致白忙活一场。再如，海外客户用信用卡付款，过了一段时间，他申请取消订单，款会退给客户，但你的货已经发出无法退回，这也会让你蒙受损失。

现实中，为了规避风险，很多卖家会把风险转嫁给海外客户。比如，要求海外客户先付款再发货，或者提高定金比例。这样做确实能降低卖家的风险，但是会让海外客户感到不舒服——新冠肺炎疫情期间他们别无选择，只能与你交易，但等加时赛结束了，或许他们就会离你而去。

怎么解决这些问题呢？

首先，一定要相信这个世界上还是好人多，不能让个别海外客户的不良行为影响你对整个海外客户群体的判断。把风险转嫁给海外客户，并不是一个好的选择。把风险留给自己，把优质的服务和产品留给客户，才会留住更多的客户。

其次，要善用工具规避损失，比如用外汇期货对冲风险，或者购买相关保险产品规避买家拒付风险。

阿里巴巴国际站就推出了一些举措来帮助卖家解决这些问题。比如，面对海外使用信用卡的客户恶意申请退款这一问题，商家可以使用阿里巴巴国际站的信用卡拒付保障服务。这样，就算买家拒付，阿里巴巴国际站也会兜底，不会让商家受损失。再比如，面对汇率风险，阿里巴巴国际站推出了"锁汇宝"，通过这个工具，商家就可以提前锁定远期汇率，等到正式结汇的时候，无论汇率有什么变化，都可以用这个固定的汇率结算。

3. 信息流

在新冠肺炎疫情暴发之前，海外客户多是通过参加展销会、试用产品以及派人探厂来了解商品信息的。但是新冠肺炎疫情来了之后，这些方法都行不通了。这时，很多商家开始利用直播这种全新的方式。

为什么直播也能像线下体验、探厂一样给海外客户确定性呢？因为直播可以给客户带来非常丰富的信息。比如你要卖手机，直播时可以360度为客户展示手机的样子，还可以通过现场使用来展示操作是否流畅、待机时间有多长，甚至还可以告诉客户，这款手机的手感如何。

所以，有了直播，客户就可以选择不去线下体验、探厂了。阿里巴巴国际站总经理张阔对我说，自 2020 年 5 月起，在半年多的时间里，阿里巴巴国际站累计举办 B 类直播超过 20 万场，现在每天有超过 1600 场直播。这些直播的作用就是替代以前的展销会，进行产品介绍、线上探厂。

阿里巴巴国际站上的直播是多种多样的，既有探厂直播，带客户看产品是如何生产出来的，也有新品直播，做新品发布，还有评测直播，进行"黑科技"展示。这些直播可以向海外客户传递丰富的信息，让客户有"身临其境"的既视感，使其更好地理解产品，并且对商家的规模、产能、管理、产品也有全面的认识，从而更加信任商家。

期待你在物流、资金流、信息流这三个方面找到可以改进的举措，在巨大的不确定性中给海外客户以确定性。而这所有的举措都是为了让你稳住，稳住海外用户，稳住自己的生意，稳住自己——只有稳住，才能打赢这场跨境加时赛。

稳住是非常重要的，因为这场跨境加时赛是对我们的一种考验，考验我们能不能在这场激烈的竞争中依然坚守长期主义。

不确定性越高，人们越容易做短期选择，追逐眼前利益。但是，我希望你明白，任何短期的波动，背后都必然有一个长期趋势，那就是无论在什么情况下，都应该去做客户最值得信任的合作伙伴。这才是你要坚守的长期主义。

跨境电商要走向专业化、品牌化和本土化

2021年5月，在跨境电商领域，发生了一场"封号大地震"。据深圳跨境电子商务协会统计，亚马逊重拳出击，封了差不多5万个中国卖家的店铺，造成的损失可能超过千亿元。深圳排名前5名的店铺被封了4家，其中一家员工多达2800人的公司直接宣布破产倒闭。

业内人士说，大多数店铺被封的原因是被平台审查出存在"不当使用评论功能""向消费者索取虚假评论""通过礼品卡操纵评论"等违规行为。简单来说，就是"刷单"。

被封的卖家觉得委屈："为什么封我啊？我没做错什么啊。发货的时候顺便放一张小小的礼品卡，谢谢用户的购买，求个五星好评，有错吗？这太正常了吧。大家都是这么做的。这也能叫事儿？"

的确有很多卖家会这么做。你在电商平台买东西时，收到的快递包裹里是不是通常也会放着一张小小的卡片？卡片上通常会写："你喜欢我们的商品吗？如果喜欢，给个五星好评吧，凭好评截图可以获得5元代金券。"几乎每个国内卖家都在做这样的事情，这简直太平常了。但是这么做的卖家很多，不代表这么做就是对的。

在电商平台的搜索结果里，排在前面的商品总是比排在后面的商品卖得好一些。那谁应该排在前面呢？当然是好评

多的——"一个商品得到的好评越多，越值得向消费者推荐"，这是一个非常合理的逻辑。

一旦我们可以用 5 元钱来"买"好评，这个排序就被"污染"了。当消费者出于信任购买了一件好评如潮的产品但发现它其实并不怎么样时，他就受骗了。不仅是消费者受骗了，真正的好产品也会被埋没，诚信经营的卖家会被挤到后面去。那些诚信经营的卖家努力打磨产品，优化服务，让消费者获益，但是不管多么辛苦，都不如别人动动手指"刷一下"。这样下去，就会导致劣币驱逐良币，最终市场变得一片混乱。

在全球化的道路上，靠小聪明获取流量的模式，只会让你的路越走越窄。想要在跨境加时赛中获胜，一定要抛弃这种思路，走向真正的专业化、品牌化、本土化。

1. 专业化

前面说过，行业挣钱看"红利"，企业挣钱看"稀缺"。所以，想要保持自己的竞争力，在行业里赚到钱，对跨境电商卖家来说，最重要的是想办法让自己"稀缺"，这样才有定价权，才能保证自己的利润。

回顾新冠肺炎疫情暴发初期口罩的"历史"，你就能更好地理解这一点。

新冠肺炎疫情刚开始时，单个口罩从 0.4 元一下子涨到 4 元。在利润的驱使下，越来越多的工厂开始生产口罩，这时，工人开始稀缺了，于是，人工费越来越贵。然后，熔喷布又稀缺了……在一个产业链里面，谁更"稀缺"，谁就更值钱，就能赚更多钱。

那么，跨境电商商家应该怎样让自己变得"稀缺"？只有变得专业化。

有位做了10年跨境电商的"老鸟"，坚持9年不刷单。2021年上半年，因为大量新店进驻，亚马逊的流量成本不断上涨，他终于扛不住了，开始往包裹里塞"小卡片"。2021年6月，他的店铺被整体关停，销量骤降为零，几千万元的库存无法消化。

他一下子就崩溃了。很长时间，他的情绪都无法排解。后来，他回了趟老家，一个人静静地反思。两天后，他想明白了：像以前那种铺货，什么好卖就卖什么的方式是不能长久的。

回到公司后，他把原来的供应链全部砍掉，建设有设计壁垒和研发壁垒的全新产品线，同时在多家电商平台注册，并开始自建站，从头再来。回归本质、回归专业化之后，他的生意越做越好。

什么是专业化？专业化就是"你明明知道我在做什么，但你就是干不过我，因为我做得比你好"。

在跨境电商行业，要做到专业化，很重要的一点是优化供应链。要优化供应链，就要找到真正靠谱优质的工厂，和这些工厂合作。如果能找到源头工厂，减少中间环节，那就更好了，你会有更大的利润空间。

但是，这些工厂非常分散，要找到它们并不容易，你可以利用一些工具，比如阿里巴巴旗下的网站 1688。1688 上有近百万家源头工厂，你可以去沟通、测试、筛选，构建稳定高效的供应链。

关于稳定高效的供应链，1688 的员工曾经给我举了个例子。有一家叫科佰实的公司，是专门生产吊扇灯的。科佰实的工厂具备欧美认证资质，但也能提供小批量、多批次的订制服务。这是它的一个巨大的优势，因为同样具备欧美认证资质的工厂，起订量一般是 2000 件，科佰实却把起订量调整为 200 件。这样，它可以用更快的速度、更低的成本去测款。

2020 年，科佰实在美国加利福尼亚州等地建了面积超过 4500 平方米的海外仓库，可以做到在美国市场分销一件代发。因此，即使一些客户的起订量连 200 件都不到，科佰实也可以直接从海外仓库一件发货，这不但为客户节省了成本，还提高了效率。

所以，跨境电商卖家想要让自己变得稀缺，一定要让自己变得专业，要有稳定、高效的供应链。好的供应链，能提高商品的良品率，减少退货；能提高商品的返单速度，减少库存。这些节省的成本，从另一个角度来说就是利润。

跨境电商这个行业，过去有巨大的红利时，大家手上拿的是一张张彩票。但是现在环境变了，要检票了。而专业化是这场跨境加时赛的门票。错把彩票当门票的，需要注意，真正的门票上印着"专业化"的标签。

2. 品牌化

你知道在美国人眼中中国最知名的五个品牌是哪五个吗？

郭杰瑞是美国人，是知名网络视频博主，在 YouTube 上有 68 万关注者，在哔哩哔哩上有 700 多万关注者。有一次，他分享了他眼中的中国最知名的五个品牌。

第五名是青岛啤酒，这可能让你有些意外。第四名是海尔，这很容易理解。第三名是安克，可能很多人都没有听说过这个品牌。安克在中国并不知名，但在美国却家喻户晓。安克一款售价 10.99 美元的充电器是亚马逊上最畅销的充电器。除了充电器，安克还做户外用的大型充电站、摄像头、转换器等。安克的总部在长沙，但是很多美国人都以为它是欧洲品牌，因为它品质好。安克有大约 1350 名员工，超过一半是研发人员。到 2020 年底，他们设计的产品已经累计获得 700 多项专利。在亚马逊大获成功后，安克开始大力发展线下渠道，现在安克 50% 以上的销售都是通过亚马逊之外的渠道完成的。所以，如果你现在说安克是亚马逊卖家，它的经营者可能会不高兴，因为安克已经不依附于这个网站，而是依附于消费者心智。排名第二和第一的品牌是联想和大疆。

你知道在非洲人眼中中国最知名的品牌是什么吗？

2015 年我去非洲爬山，我的向导举着自己的手机对我说："你知道吗？这是中国最知名的手机。"他的手机品牌是TECNO，我从来没听说过，也没见过。后来才知道，这款手机是中国深圳的传音科技生产的。传音科技主攻市场底子虽薄但发展潜力巨大的非洲市场，从传统市场到手机专卖店，从户外看板到电视频道，从内罗毕的机场道路到坎帕拉的贫民窟，几乎所有有墙的地方，都有 TECNO 的广告，就连路边电线杆上的"膏药广告"也有 TECNO 的身影。正因为如此，TECNO 在这里占有很高的市场份额，积累了数以亿计的粉丝，是非洲人心目中最好的手机品牌。

这就是品牌的力量：当美国消费者想买充电器时，他们会在亚马逊上搜"安克"而不是搜"充电器"；当非洲消费者想买手机时，他们脑海里第一个浮现出的词是"TECNO"。只有占领了消费者心智，品牌（企业）才会成为红海中的优先选项，而这也是跨境加时赛中最重要的规则。

品牌一旦打响，你再也不需要花高价与其他卖家抢流量了。省下来的流量成本，就是你的品牌溢价。

3. 本土化

吕翠峰是思锐国际物流 CEO，她的朋友称她为"非洲女王"，因为她是做物流生意的，在中国和非洲之间点对点地运输大量物资。最近，她开始在国内做"牛油果干"的直播带货。

我很好奇："你转型力度有点大啊，为什么？是因为非洲生意不好做吗？"

她回答说："不是，是因为好做。但好做也有好做的烦恼，我遇到了很多在中国做生意想象不到的烦恼。"

我问："是不安全吗？"我去过坦桑尼亚，在那里的超市买东西时，我发现保安背着自动步枪。

她说："是货币的烦恼。你想去非洲干工程，你想去非洲卖手机，挺好。但去之前，你需要知道的是，一些非洲国家，比如尼日利亚、卢旺达、刚果（金）、莫桑比克、赞比亚等国的政府是没有足够的外汇储备的。也就是说，你在这些国家挣了钱之后，是没办法通过银行把这些本地货币换成美元转回中国的，因为它们没有足够的美元。"

我很惊讶："还有这种事？赚的钱还能拿不回来？那怎么办呢？"

吕翠峰的方法是为那些同样有这种烦恼的客户提供"物物交易"的服务。

什么是"物物交易"？就是你卖手机，换回的不是现金，而是牛油果；你干工程，得到的薪酬不是现金，而是咖啡豆；你卖水泥，换回的也不是现金，而是芒果和菠萝蜜。在"物物交易"之后，吕翠峰利用自己的运输优势，把这些水果运回中国，在中国市场上卖掉，把它们换成人民币。吕翠峰之所以搞直播带货，本质上不是为了卖水果、卖咖啡，而是为了把钱带回中国。

当你坐在上海的办公室里，方便快捷地用支付宝、微信付款的时候，可能不会想到现在非洲正在使用物物交易这种失传已久的交易方式。这正应了那句话："不是最强壮的，也不是最聪明的，而是最适合的才能生存。"

上面这个问题要得到彻底解决，要等到人民币国际化。而在这之前，吕翠峰说，一定要理解当地的不同，接受当地的不同，然后入乡随俗。

"入乡随俗"就是我们说的本土化。

什么叫本土化？就是不要用本国的经验推测全球。

假如你想到东南亚投资建厂，现在有四个选择——越南、泰国、印度尼西亚、菲律宾，你会选哪里？或者反过来问，如果你是这四个国家中某个国家的招商局局长，你打算怎么说服中国投资人来建厂？人工成本便宜？政府办事效率高？技术设施完善？这些都是合理的理由，但我们来看看菲律宾是怎么说的——"我们罢工少"。

作为一个中国人，你可能很难想象，到东南亚建厂居然要如此认真地比较各个国家的罢工次数。

我曾经在微软工作十几年，有一任上司叫华宏伟，他曾经说过一句话，给我留下了极深的印象，尽管他自己可能都不记得。他说："所谓全球化，就是在每个国家本土化。"

2022 年，一场"跨境加时赛"将到来。那些能对供应链和物流体系有专业化掌控力，用品牌化获得产品溢价，用本土化获得消费洞察的企业，才能获得真正的成功。

选品不能靠运气，利用大数据辅助选品是趋势

对跨境电商卖家来说，选品是一个巨大的痛点。正因为如此，那些跨境电商卖家才不愿意分享自己做的是什么产品，唯恐做的人太多导致自己赚不到钱。但是，谁也不知道什么样的产品能赚钱，似乎一切只能碰运气。

那么，如何才能不靠运气选品？

我和 1688 的员工们聊天时发现，他们有一个思路——利用大数据选品，这对我很有启发。

在 1688 上，用户可以搜爆款，找同款。

搜爆款，就是在 1688 上找到现在卖得非常火爆的产品。基于大数据，1688 做了"跨境热销榜"和"跨境飙升榜"。跨境热销榜是以商品的 GMV、买家数、销量作为排序因子生成的一张跨境产品热销榜单，这张榜单可以帮助跨境电商卖家更好地看清市场趋势。跨境飙升榜是根据上周与上上周的销量增幅比值结合热销指数对产品进行排序，这张榜单可以帮助跨境电商卖家更好地发现潜在商机。1688 希望通过大数

据让跨境电商卖家知道现在什么产品卖得好、卖得快，帮助它们更好地选品。

如果跨境电商卖家有很好的嗅觉敏锐度，发现了好的产品，怎么办？这时，可以找同款。跨境电商卖家可以直接通过热销爆款的图片搜索国内能够制作同款的工厂。

在货源的丰富度上，1688涵盖了时尚女装、数码3C、汽车配件、童装玩具、家居家纺、美妆百货等30多个热门类目。可以说，想要搜同款，在1688上大多都能搜到。

找到好的产品，接下来要做的是开始销售。这时，平台大数据会对产品的销售情况进行分析和反馈，从而帮助跨境电商卖家根据消费趋势和客户需求进行产品迭代。

我们还是以科佰实为例。科佰实想要把握市场，有两种方法：一是进行实时数据分析；二是让通过1688找上门来的客户直接反馈，和他们进行交流。科佰实虽然在中山市，但是通过这样的方式就能直接了解大洋彼岸的客户的需求。科佰实推出的型号为52144的吊扇灯，就是其在了解到美国的中高端用户希望配套的遥控器带有记忆功能从而对芯片进行迭代研发出来的。当看到国外用户评论说不仅想要三色变光还想要调光功能时，科佰实也第一时间对产品进行了改进。

所以，未来利用大数据辅助选品、迭代产品，是一种必然的趋势。依靠信息差赚钱的阶段很快会过去，选品不能靠运气。

商家和源头工厂要合作共赢

我参加过很多关于跨境电商的论坛和活动，和无数跨境电商卖家交流过，我有一个强烈的感受：要做跨境电商，一定要有一个基本的认知，那就是商家和源头工厂一定要合作，双方要在这个市场里合作共赢。

我有一位朋友是做工厂的，他告诉我，原来他的产品出厂价是 20 元，经过层层分销，最终这些产品会被卖到欧美的线下店，售价是 100 元。从 20 元到 100 元，这中间的 80 元是被各个渠道分走了。

于是，他尝试自己做跨境 C 类的卖家，发现利润更高了。

他的产品在欧美线下店的售价是 100 元，而在他的网店里的售价是 60 元。这样一来，就等于产品的出厂价从 20 元提高到了 60 元，而消费者购买的价格从 100 元降到了 60 元——他赚到了更多钱，消费者也省钱了。

我为他感到高兴，但同时我也提醒这位朋友："你现在赚的钱是红利，但从长远的角度来看，你一定会面对挑战。"

他很不解地问我："为什么？"

他的产品之所以卖得不错，有一个前提是欧美的线下店已经帮他定义了产品。他已经知道，这个产品应该是什么样子的，有什么功能，能满足消费者的什么需求。工厂距离消费市场其实是很远的，如果不能及时捕捉到消费者需求的变化并进行产品迭代，他的产品就会卖不出去。这是他早晚有一天会面对的挑战。

我和这位朋友说，工厂更擅长的是质量管理，这是工厂的优势，要一直保持。同时，要想办法离消费者近一点，再近一点，真正地理解消费者。

怎么让工厂离消费者更近？我和 1688 的员工交流时，他们有一个很好的想法：让 1688 平台上的工厂可以触达淘特平台上的消费者。这样，它们既能做批发定制，也能做零售生意，可以更直接有效地接触到消费者。

1688 希望通过这样的方式赋能工厂，同时帮助商家找到好的工厂，让双方合作。因为只有合作才能把市场做大。

那么，怎样能让工厂和商家实现更好的合作？

1688 的员工对我说，这是他们一直以来在思考的问题。1688 想成为一座坚实的桥梁，把两端连接在一起。工厂借助 1688 以及阿里巴巴生态内的零售平台，可以得到更多、更丰富的大数据，也能接触更多商家，从而更好地理解市场，培育出洞察趋势的能力。商家借助 1688 可以找到更多好的源头工厂，拥有稳定高效的供应链。

想要双方合作共赢，还要线上线下结合。在线上，1688 让双方更容易地找到彼此。在线下，1688 会组织各种展会，邀请源头工厂到线下和商家见面，让双方建立对彼此的信任。在展会上，1688 通过提供各种服务，使商家可以直接了解和接触到工厂，比如："1 分钱拿样"，商家只需要花 1 分钱就能了解到产品的品质，对工厂进行筛选；"视频连线厂长"，商家想要看厂、看货、看样，都可以直接连线；"10 万 + 源头厂货"，这些厂货既能体现工厂的生产能力，也能让商家发现商机。

工厂通过商家的需求，能更加理解消费者：为什么消费者想要这个功能？这个需求反映了当下的什么趋势？为什么商家会关注良品率、柔性程度、代工能力？

让商家感受到强大的供应链能力，让工厂体会到真实的消费需求，1688 就像一座桥梁，把两端坚实地连接在一起。

跨境电商终将成为传统行业

所有的行业从新生到成熟都会经历三个时期，每个时期的市场机会和策略都是不一样的，跨境电商行业也不例外。

第一个时期是行业红利期，增速迅猛。伴随着跨境电商的兴起，B2C（Business To Customer，企业对消费者）模式减少了从外贸工厂到海外消费者的中间环节。在这个阶段，只要有产品，基本都能赚钱，跨境电商卖家的竞争对手是外贸工厂。

然而，随着越来越多的卖家入局，外贸工厂沦为跨境电商供应链条中的一环。跨境电商卖家的竞争对象不再是外贸工厂，而是其他卖家。此时，同一种类型的卖家运营流程基本一致，比拼的不再是商业模式，而是运营效率、市场敏锐度和成本把控能力等，此时，企业需要的是进行基本功训练。

第二个时期是稳定期，增速放缓。这是各个跨境电商卖家快速拉开距离的关键时期，不管是铺货卖家、精品卖家还是自建站卖家，都开始精耕细作。

在这个阶段，比拼的不仅仅是运营效率、成本把控能力等基本功，还有企业的管理效率、组织流程和架构的优化、人才制度、激励制度等。这时，企业需要的是进行内功的修炼。伴随着企业内功的不断增强，各类目和各细分赛道的龙头企业开始出现，这时候，行业红利逐渐消失，组织红利开始出现。

目前，跨境电商行业已经从行业红利期走到了组织红利期。当行业的毛利率下降到社会平均利润率时，就会从第二个时期过渡到第三个时期。

第三个时期是成熟期，行业会成为传统行业。所有的新兴行业在完成了规模化增长、技术升级、管理完善之后，都会不可避免地成为传统行业。在这个时期，企业之间的竞争将回归品牌的竞争，消费者更熟悉、更信任、更忠诚于哪个品牌，哪个品牌就能获胜。

这也是我屡屡提到的：所有的红利，最终都是趋势的红利。产品从来都不是企业的核心竞争力，通过产品不断沉淀下来的品牌才是真正的核心竞争力，产品的最终归宿是品牌。

所以，企业一定要重视品牌和管理，要尽快实现管理从混沌走向有条理。

第一，跨境电商企业的管理者必须建立起管理意识。所有的行业都有一个规律：在行业红利期快速增长、赚到钱的企业，如果不知道钱是怎么来的，不知道如何修炼管理内功，赚到的钱最终还是要返还给市场的。

第二，跨境电商企业的管理者通过学习、培训等方式，明晰管理框架和体系，不断加深对管理的理解。管理涉及的范围很广，包括产品战略、组织战略、财税管控、人才梯队搭建、人才培养、激励制度与绩效体系的打造等。管理者虽然不必对每一个板块都了然于胸，但一定要明晰整个框架和体系，不断提炼出适合自己公司的管理方法论。

最忌讳的是管理者事事亲自动手。专业的事应交给专业的人来做。花钱请专业的人做自己不懂或者不擅长的事，把自己的精力放在自己精通的核心业务上，对管理者来说，收获的价值更大。

第三，跨境电商企业的管理者要为企业建立自己的护城河。当别人没法往前跑的时候你往前跑，同时在身后挖一条河，当别人开始追你的时候会发现追不上了，因为你们之间有一条跨不过去的河，这样你又能继续往前跑。

简单来说，企业护城河有五条。

第一条护城河是无形资产，包括品牌、专利、特许经营等。如果在红利期你没有把产品做成品牌去卖，没有形成品牌沉淀，那么在红利消失的时候，你的产品也会跟着消失。安克、SHEIN 都是很好的例子，在我看来，这两家企业的共同点都在于持续地在海外市场上打造品牌。

把产品做成品牌的底层逻辑其实是一样的。为什么大家觉得生意越来越难做了？因为过去都是增量生意，大家没有关心存量。现在企业之间的竞争，是针对存量的产品之争。这就需要我们用动态的眼光看待产品的投入期、成长期、成熟期、衰退期。

在不同的产品生命周期阶段，企业应有不同的侧重点。企业核心的考虑因素有销售、成本、价格、创新能力、竞争对手、利润，在每个阶段的侧重点都是不一样的。

投入期，创新能力最重要，企业需要考虑打造专利护城河——让别人做不出你的产品，抢不走你的客户。

成长期，销售最重要，企业应持续打造规模效应。随着市场规模的不断扩大，快速抢占市场，还能不断降低成本。

成熟期，最核心的是通过多元化的产品满足消费者差异化的需求来赚取利润，这时需要持续打造网络效应和品牌护城河。

衰退期，则应不断降低成本，延缓产品的衰退。

虽然我们总想极力延缓产品的衰退，但是单个产品最终都会走向衰退期，能长存的一定是品牌，跨境电商也是如此。

现在跨境电商还在普遍吃红利的状态，很难看到品牌的魅力。但我们要看到即将发生的事，做品牌、做管理都是"三年种树，五年开花"，一步步沉淀，慢慢才可看到企业的改变。如果到了竞争最激烈的那一天才开始做品牌、做管理，已经晚了。

第二条护城河是成本优势，规模效应和管理优化都能带来成本结构的优化。举个例子，别人和你做同样的产品，但你就是比他挣钱，核心原因不是你的价格比他低，而是你的成本比他低。

就像 SHEIN，每天上架两三千款，一旦发现新款 SKU（Stock Keeping Unit，库存保有单位）不好卖就马上停止生产，而好卖的 SKU 最快 7 天就能生产出来，所以它的库存成本很低，这是通过规模和供应链管理优化得来的。

第三条护城河是网络效应，包括用户和生态。以做衣服为例，如果你找到了面料、工厂、客户，形成了整合供应链上下游的生态，别人很难把它们挖走。

第四条护城河是迁移成本，涉及习惯和资产。举个例子，苹果手机用户换回安卓系统手机需要重新适应系统操作，这就是他的迁移成本。资产包括用户的数据，如体重秤、体脂秤等产品使用后累积的大量数据，对于用户来说，换新产品重新累积数据的成本很高，所以他会对原来的产品非常忠诚。

因此，你要想让你的用户非常喜欢你的产品，就要先让他离不开你的产品，让他有资产和习惯在你这里。

第五条护城河是管理。管理是永远的护城河，这句话有两面：第一面就是管理永远都是有价值的；第二面是没有人可以做到完美，总有可以优化的地方，总能提高和进步。因此，企业在发展的每一个阶段都要重视管理，因为管理是动态的，很多成熟企业的管理能力都是在摸爬滚打中强大起来的。跨境电商企业的创始人和管理团队要好好地补一补管理的课（包括组织架构、薪酬架构、员工激励、财务制度、产品质量控制和管理、供应链管理等方面），心中有一个关于企业管理的整体框架，然后才能在遇到问题时，更好地解决问题。除此之外，还可以对标国内同行业的优秀企业，从它们身上学习怎么做管理，怎么招人，怎么管生产，怎么做设计，提升管理效率。

第四，创新对跨境电商企业来说也是至关重要的。要从效率创新、模式创新、产品创新等方面进行多维度操作。

效率创新指的是提高生产效率（把产品价格做低、优化库存和物流等），这也是一个重要的创新环节。

模式创新指的是对做生意的模式进行优化。比如，是依附于亚马逊等平台还是自建站，是做品牌精品还是做铺货，是卖具体产品还是卖服务，这些都关乎跨境电商企业在经营模式上的创新。

产品创新也是非常关键的。跨境电商企业不仅要做这个世界上已经被定义出来的产品，还要自己来定义一些有价值的产品。如果一家企业能做到这一步，说明它已经具备较强的研发能力，只要能利用研发能力制作出好产品，就能拥有定价权，从而保住利润。

第 8 章

疯狂生长

世界在哪里被撕裂，就会在哪里迎来一轮疯狂生长

2021 年，中国社会发生了很多变化，未来，变化还会更多。这些变化，不仅包括我们说的活力老人、数字石油、新消费时代、Z0 世代、流量新生态、跨境加时赛，还有很多。

面对这些变化，如果你感觉这个世界正在被撕裂，如果你感觉焦虑，这是非常正常的事情。你不必自责，但是，你需要尽快平静下来。

因为，这个世界在哪里被撕裂，就会在哪里迎来一轮疯狂生长。

1. 教培（"教育培训"的简称）行业

2021 年 7 月 24 日，中共中央办公厅、国务院办公厅印发了《关于进一步减轻义务教育阶段学生作业负担和校外培训负担的意见》，这给教培行业带来了巨大的变化。随后，中国民办教育协会（新东方、好未来、作业帮、猿辅导等 120 家全国性校外培训机构都是该协会成员）发出《中国民办教育

协会率有关校外培训机构联合发出倡议书》，坚决拥护新政策，并将加快转型成校内教育的"有益补充"。

可是，教培行业的未来路在何方？其实，教培行业至少有 9 个转型方向（见图 8-1）。

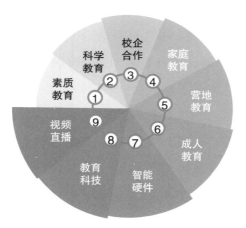

图 8-1　教培行业的 9 个转型方向

绘图：华十二。

素质教育是转型方向之一。"双减"政策的直接目的是降低学生的学科压力。降低学科压力之后，家长才能有心，孩子才能有力，整体素质才能提高。什么是"整体素质"？音乐、体育、美术是整体素质的基本盘。

2021 年 5 月 6 日，教育部召开新闻发布会，体育卫生与艺术教育司司长王登峰提出，要让每个学生都能掌握一两项艺术特长。我对此深有感触。有一次，我和著名设计师、洛可可创始人贾伟老师一起直播，我问他，如何提高美感？他半开玩笑地说："你是没什么希望了。因为美学教育需要从小耳濡目染，只有沉浸进去，日复一日，你才能感受美，创造美。你儿子也许可以。"让孩子从小接受美学教育，他们长大后才能像乔布斯一样，把科技和艺术完美结合。

向素质教育转型，是很多教育巨头的共识。但是，素质教育并非刚需，市场体量有限，这个市场的竞争一定会无比惨烈。怎么办？很多机构也在尝试别的赛道，比如科学教育。

在中美贸易摩擦的背景下，整个中国都深刻体会到了掌握核心科技的重要性。没有核心科技，随时可能会被"卡脖子"。

教育部前部长陈宝生曾表示：根据大中小学生的不同认知特点，让人工智能新技术、新知识进学科，进专业，进课程。所以，你可以想象，在 STEM+A 也就是科学（Science）、技术（Technology）、工程（Engineering）、数学（Mathematics）以及人工智能（Artificial Intelligence，AI）的土地上，也会迎来万物生长。

但是，和素质教育一样，科学教育这个赛道需要全新的老师、全新的招生团队，甚至在软件系统上也需要不小的投资。对于那些小型的线下培训机构，这并不容易，怎么办？校企合作也许是个选项。

根据新政策，学校要保证课后服务时间，并提高课后服务质量。但是，很多学校没有足够的资源和专业能力提供这些服务，这时，成为校内教育"有益补充"的机会来了。新规说，课后服务一般由本校教师承担，也可聘请退休教师、具备资质的社会专业人员或志愿者。中小培训机构和学校合作，从 TO C 模式转型为 TO B 模式，也许是一条全新的思路。当然，TO B 的合作，需要教培机构充分理解学校的运作机制、决策流程，并接受严格的管理。这对教培机构的能力提出了新的要求。

你也可以试着把现有的资源用于不同的客户，比如做成人教育。如果说 K12 学科培训厮杀的主要原因是中考、高考引发的补课刚需，那么，另外一个补课刚需市场就是成人教育。为了找工作，为了升职，为了创业，尤其是为了考证，很多成年人需要培训。除此之外，成人面试培训、数字化培训以及与企业联合培养职业人才等都是可以探索的方向。

有一家机构叫作快酷英语，它的创始人叫王军。快酷英语按照国家要求，停止了国内青少儿课程的销售和续费，然后开始思考，如何根据自身特点转型。

那它的特点是什么？就是师资都在海外，口语很强。它在菲律宾建的实体学校，每年能接待 6000 名来自世界各地的语言学习生。而成人英语教育，更在乎的是能开口说。"我们能不能利用这个海外师资的优势，为国内的企业提供成人英语口语课程呢？"于是，它和有 50 年历史的英国凯伦英语学校合作，引进高效提升口语水平的凯伦方法课程，然后配合海外教师，开始转型。

从严格意义上来说，得到、混沌等大量的创业教育、商业教育、通识教育机构都属于成人教育这个赛道，只是内容偏重不同。

这个赛道上过去多是传统的、散落的培训机构，教培机构是有机会进入并且形成规模效应的。

但是，做服务，即使能通过扩大规模降低成本，提高经济效益，规模效应也是有限的。有没有可以摆脱教培的"服务"属性，极大提升可扩展性的业务方向呢？有，比如智能硬件。

2021 年 4 月 23 日至 25 日，第 79 届中国教育装备展示会在厦门国际会展中心举办，17 万多平方米、9000 多个展位，1300 多家企业参展。这是会展中心建馆以来规模最大的展会，火爆程度堪比巅峰时期的汽车展和通信展。

教育智能硬件为什么会火？因为智能硬件（产品）相对于教育培训（服务）来说可能是一个更大的赛道。每一场培训都需要占用一个教师的交付时间，边际成本很高。而硬件的好处是完全不占用教师的时间，如果需求抓得准，可以达到巨大的量。

在这一赛道上进入比较早的有网易有道。它在智能硬件上的持续投入，在今天看来，增强了自己应对政策风险的能力。

　　但是，做智能硬件的门槛是相当高的。因为这不仅需要企业具有教育基因，还需要企业有一定的技术基因，另外，企业管理者还必须学会管理研发效率、品控质量以及一个在教培行业可能从来没有见过的东西——库存。

　　智能硬件这个赛道比较适合已经上市的大资本。对中小企业来说，有没有更大的赛道呢？其实，还有一个同样大但门槛比较低的赛道，那就是教育科技。

　　人工智能终将用于教育，教培行业的变化加速了它的到来。比如，有家叫"一起教育科技"的公司，通过人工智能帮老师自动扫描阅卷，帮学生定制专属练习。

　　2012 年，教育部发布《教育信息化十年发展规划（2011—2020 年）》，明确各级政府在教育经费中按不低于 8% 的比例列支教育信息化经费。据新思界产业研究中心预测，2018～2023 年教育信息化经费投入将保持 8.9% 的复合增速增长，5 年内教育信息化经费投入有望达到 4400 亿元。

　　2020 年，教育部办公厅下发了《教育部办公厅关于开展2020 年度网络学习空间应用普及活动的通知》，鼓励建设名师、家长等多种类型的个人空间，以及区域、班级、社团等多种类型的机构空间，并明确指出要促进网络学习空间覆盖全体教师和全体适龄学生。

　　用教育科技为学校教育提供"有益补充"是教培行业中一个门槛高、收益可能也高的赛道。

除此之外，视频直播、家庭教育、营地教育等也是教培机构转型的重要方向。当然，你也可以学习凯叔，给孩子们讲故事，也能获得巨大的成功。只要你专业，到处都是机会。

2. 反垄断

2021 年 4 月，阿里巴巴因为"二选一"被处以 2019 年中国境内销售收入的 4%、约 182 亿元的罚款。2021 年 10 月，同样因为"二选一"，美团被处以 2020 年中国境内销售收入的 3%、约 34 亿元的罚款。2021 年 9 月，腾讯的微信可以点开淘宝链接了。随后，阿里巴巴的某些 App 也开始支持微信支付了。

这些事件的背后都是一个词——反垄断。

中国的巨头虽然没有真正地经历过反垄断，但是美国的经验告诉我们，反垄断之后，商业世界将迎来一片小公司的疯狂生长。

西奥多·罗斯福是第 26 任美国总统，在美国"总统山"上仅有四位总统的石刻，他就是其中之一。西奥多·罗斯福最为人称道的，是他的铁腕反垄断。

20 世纪初，美国商业界出现了大量并购案例，其中有 1800 家公司合并成了 157 家，仅 1900 年一年美国就有 185 起合并案。这造成的结果是，到 1904 年，300 多家垄断联盟控制了全美制造业资本的 2/5，这些垄断企业也因此聚集了大量的财富。当时的美国，1/8 的家族占据了 7/8 的财富，它们为了维护自己的垄断地位，采取各种手段排挤中小企业，压制市场竞争，这严重影响了美国经济的活力。

1901 年，西奥多·罗斯福上台，他完善了美国第一部同时也是全球第一部反垄断法《谢尔曼法》。然后，依据这部法律，美国政府起诉了摩根家族控制的、垄断铁路运营的北方证券公司。1904 年，北方证券公司被解散。1906 年，美国政府又起诉了洛克菲勒家族控制的、垄断石油行业的标准石油公司。1911 年，标准石油公司被分拆为 34 家地区性石油公司，其中就有今天知名的美孚石油公司。

西奥多·罗斯福在他的任期内一共发起了 40 多项反垄断调查。从那之后，美国的反垄断就一直没有停止。20 世纪 80 年代，最知名的反垄断案可能要算是 1984 年的 AT&T 分拆案了。其实，AT&T 在 1913 年、1949 年就曾面临过两次反垄断诉讼，但都被化解了。不过，1984 年，AT&T 这家百年企业最终没能逃过被分拆的命运，最终，被拆为 1 家长途电话公司和 7 家本地电话公司。

AT&T 分拆后，新兴运营商如雨后春笋般疯狂生长。竞争为美国电信市场带来了极大繁荣，MCI、Sprint 等一批公司迅速崛起。竞争也给消费者带来了实惠，20 世纪 80 年代末，美国通话价格下降了 40%。

所以，为什么要反垄断？反垄断的目的是扫除竞争障碍，这意味着电商卖家不用在各大平台上二选一，意味着音乐、影视作品不是必须签独家，意味着哪里广告便宜就可以在哪里投广告，意味着未来需要把最大的精力花在做好产品和服务上而不是站队上，意味着中小企业终于可以专注于奔跑而不是跨栏。扫除竞争障碍带来的是万物生长。

那么，中国互联网行业的反垄断会带来哪些机会呢？会带来流量生态的第三次打通。

我们说过，流量生态的第一次打通是线下线上的打通，第二次打通是公域与私域的打通。但是，这两次打通之后，我们依然有一件不得不做的事：站队。

2013 年 11 月 22 日，微信用户发现，在微信内点击任何淘宝链接，都会自动导向淘宝 App 的下载页，淘宝屏蔽了微信的链接。后来，微信也屏蔽了淘宝的链接，用户只能"复制链接到浏览器打开"。中国的互联网看上去是互联的，但大门其实是彼此紧闭的。

不管是阿里巴巴、腾讯还是百度，不管是免费的电商、免费的社交还是免费的搜索，这些"免费"其实都是积累流量的方式，最终还是主要通过基于竞价排名的广告把流量卖给商家，实现商业化。所以，这些互联网平台要求用户必须从自己的入口进去，不能从别人的链接过来，否则别人会成为前端的变现者，而它只能变成后端的服务者。

因此，这些互联网平台会要求用户二选一。尤其对企业而言，如果企业站在了阿里巴巴这一边，就只能从阿里巴巴这里买流量，然后在这里交易；如果企业站在腾讯那一边，就只能从腾讯那里买流量，然后在腾讯交易。这是两个互不相连的闭环，你必须选一个。

挡在阿里巴巴和腾讯之间的是平台壁垒。

现在，微信可以打开淘宝链接，阿里巴巴也开始支持微信支付了。这意味着什么？这意味着，平台壁垒被打通了。而互联互通是为了打破网络效应。对中国互联网来说，大门会从彼此紧闭到彼此开放。

一旦打通，哪里的服务好就去哪里，哪里的资源便宜就去哪里，哪里的用户多就去哪里，流量会再次汹涌流动。

首先，也是最直观的利好，是购买流量的成本会下降。因为打通壁垒之后，企业可以在各个平台投放广告。比如，阿里巴巴的卖家，可以在腾讯上投广告；抖音的卖家，可以在百度上投广告；小红书的卖家，可以在快手上投广告。没有一个平台可以因为封闭而享受超高的广告收入，也没有一个卖家会因为封闭而需要支付超额的广告费用。

其次，可能是更长远的影响，是卖家可以自由组建适合自己的商业闭环。比如，内容在抖音、小红书，客服在微信，交易在淘宝、有赞……卖家可以根据自己的优势和特点，选择自己最终交易的入口和出口，而不一定要在某个特定的平台，被迫完成所有的环节。也就是说，整个中国互联网，可能会形成一个大的闭环。

这就是流量生态的第三次打通。一大批小公司会在流量的浇灌下疯狂生长，而互联网平台的"水位"也会因此被逐渐拉平。

不管哪个行业，这个世界在哪里被撕裂，就会在哪里迎来一轮疯狂生长。

渐变是大公司的小机会，突变是小公司的大机会

很多人会认为，流量生态的第三次打通听起来对小公司有利，让大公司头疼。当然不是这样，这同样也是大公司涅槃的机会。

我给你分享一个微软的故事。

2014 年，萨提亚·纳德拉接替史蒂夫·鲍尔默担任微软历史上的第三任 CEO。他在发表上任演讲时讲了一句话："我将在一个星期内发布一款新产品。"一个星期后，微软真的发布了一款产品——Office for iPad。

什么是 Office for iPad？过去，微软的 Office 只能用在微软的 Windows 系统上，不能用在 iPhone 或者 iPad 上。为什么？因为微软和苹果是竞争对手，让 Office 支持 iPad，无异于让它投奔敌营。

但是，萨提亚发布了 Office for iPad，而且是上任一星

期内就发布了。这么复杂的产品，不可能在一个星期内完成开发，这说明，这个产品早就开发好了，只是没人敢公布而已。因为一旦公布，就相当于微软宣布放弃了 Windows 系统的唯一核心地位。

我出差时用得最多的就是 Office，我经常用 Word、Excel、Power Point、Outlook。如果 Office 支持 iPad 了，那我给 iPad 配个键盘，就再也不用带笔记本电脑出门了。而每卖出一套 Office for iPad，就意味着可能少卖一套 Windows 系统。

那么，你猜猜看，Office for iPad 发布后的第二天，微软的股价会涨还是会跌？

事实是，第二天微软的股价暴涨。这说明，所有股民早就盼望着微软放弃自己曾经最引以为豪的产品 Windows，只是它自己放不下而已。

有一次，萨提亚在一个大会上做演讲时，从口袋里掏出了一部 iPhone！现场一片哗然。大家可能曾经听说过这样一个故事：微软的前任 CEO 史蒂夫看到一个员工拿着 iPhone，抢起一把椅子就砸过去了。虽然这是一个未经证实的传言，但也说明大家都默认：微软的人怎么能用 iPhone 呢？更别说是 CEO 了。

萨提亚却说："我手上的这部手机不是 iPhone，我更喜欢把它称为 iPhone Pro。"他打开手机让大家看，里面装的大多是微软的应用。他又说："我们用微软的软件武装了iPhone。所以，它不是 iPhone，而是 iPhone Pro。"现场的哗然，变成了热烈的掌声。

不再纠结于如何通过绑定 Windows 和 Office 获利的微软，终于涅槃重生。重生后，它把自己的未来赌在了持续创新上，而微软最大的创新是云计算。

这样的涅槃重生，带来的是什么样的结果呢？

今天，微软所有收入中的大部分都来自云计算，微软的股价也从萨提亚上台时的 30 多美元涨到了 300 多美元，甚至其一度成为全球市值最高的公司。

变化分为两种：一种是渐变，另一种是突变。渐变是大公司的小机会，突变是小公司的大机会。

如果你是生产空调的，原来生产的空调每天耗 1 度电，现在技术进步了，每天只耗 0.8 度电，这是渐变还是突变？这是渐变。渐变就是在原来的道路上往前多走了一步。

那么，更省电了，这是大公司的机会，还是小公司的机会呢？这是大公司的机会，因为往前多走一步并不影响格局，原来的品牌认知、分销渠道、研发体系、供应链网络都没有变化。大公司的生态位不会被抢走，反而会被增强。但这也不会带来大公司的涅槃重生，只会使其稳步前进。所以我们说，渐变是大公司的小机会。

而突变就是原来的道路突然走不通了，面前出现了 100

条岔道，上天发了新牌，出了新题，而正确的答案只有 1 个，在这 100 个选项中，你选哪一个？

这时，一场"物竞天择，适者生存"的生存竞赛开始了。被邀请参赛的，是一家上一个时代绝对领先的大公司和 10 000 家夹缝中成长起来的、渴望进化的小公司。

比赛分为三轮：比战略、比运气、比组织。

1. 第一轮比战略

大公司有足够的资源，有集团战略部、参谋部、研究院，还能请最好的咨询公司帮它们"夜观天象"，因此，它们用智慧将 70 个错误答案排除了，使正确答案的选择范围缩小为 30 个选项。而小公司没有集团战略部，没有参谋部，也没有研究院，更没钱请咨询公司，它们对未来的感知，只能依靠第六感。几乎所有小公司的创始人都坚信自己的第六感是对的，于是，每个选项上都站了 100 家坚信自己赌对了的小公司。

第一轮比赛，大公司的智慧对小公司的勇敢，大公司胜。那 70 个错误选项上的 7000 家小公司出局。

2. 第二轮比运气

30 个选项仍然很多，即便是大公司，也不能在每一个方向上都进行充分尝试，怎么办？经过慎重思考，大公司决定在其中 3 个选项上下重注。小公司没有这样的资金实力，但是小公司数量多，于是，每个选项上都站着 100 家小公司。

这时，有两种可能性。

第一，90% 的可能性是大公司下错注了。正确答案不在大公司下重注的 3 个选项中，这时大公司就会出局。

这就是为什么 YouTube 创始人陈士骏会说"成功需要 90% 的运气加 10% 的努力"。商业是一个复杂系统，没有人敢 100% 保证"明天一定不下雨"，只能说降水概率是 10%。如果一切皆可计算，那么大公司几乎每次都能干掉小公司，因为大公司的资源多、算力强。但是，进化最为有趣的地方就是要"比运气"，而比运气是小公司的强项，因为小公司的数量多。这也是商业之所以生生不息的重要原因。

第二，10% 的可能性是大公司赌对了。这时，一家大公司和剩下的 300 家小公司进入了第三轮比赛。

3. 第三轮比组织

大公司一旦赌中了战略，比赢了运气，就要比组织了。在这场比赛中，小公司需要成长，而大公司必须自杀重生。

现在回到中国互联网公司。

2020 年 7 月，我写了一篇文章，说："当有一天，面对格局的变化，淘宝真的开始支持微信支付时，那就说明阿里巴巴放弃了过去的成功，开始变革和转型了。"当时很多人都觉得不可能，认为这个想法太可笑了。

但是，2021 年 9 月，阿里巴巴旗下的饿了么、优酷、大麦、考拉海购、书旗等应用均已接入微信支付。淘特、闲鱼、盒马等 App 也已申请接入微信支付，正在等待微信审核。

我开始想象，当所有的互联网平台都向阿里巴巴和腾讯学习，打破平台壁垒时，会发生什么？

它们会连接、连接、连接，中国的微信 Pro、淘宝 Pro、抖音 Pro、百度 Pro 会由此诞生，最终汇聚成中国的互联网 Pro。在这个互联网 Pro 的世界里，所有创业者疯狂生长。

一片草原上，只有狮子有权力说"团结"

有一天，我给学员做分享，当我讲到迈克尔·波特的五力模型时，有一位学员提出了疑问："我们为什么要把下游当成竞争对手？我们应该团结下游、团结客户啊。"

我说："如果你团结客户的话，你们就获得了一种能力去面对你们的上游了。你就更有溢价能力了。"

他又说："我为什么要对上游有溢价能力呢？上游我也要团结啊。"

我说："你想团结上游是好事，但是，你这个想法听上去有点一厢情愿了。"

为什么？

因为一片草原上只有一种动物有权力说"团结"，那就是狮子。

只有那个最有权力的人，才可以站出来说"我想团结大家"。你想想，如果你是一只兔子，你对狮子说"我想团结你"，你猜狮子会怎么回答？狮子是不会答应的。

你那只能叫"抱大腿"。"抱大腿"是把选择权交到别人手上，虽然你也会提供自己的价值，但是随时都有可能被别人踢掉。团结是什么？本来，大家可能觉得狮子高高在上，权力很大，但狮子开口说："我现在决定跟大家加强合作。"大家一听狮子说要团结，纷纷欢呼雀跃，直呼："太好了！太好了！"

团结是一个具有溢价能力的人与不具有溢价能力的人的合作，或者至少是两个有同等溢价能力的人的合作。所以，当一个人在一条产业链中不具备溢价能力或者说这个人不稀缺的时候，他是没有团结别人的资格的，只有被选择的资格。

团结是件主动的事，只有稀缺的人才能团结别人。在这个疯狂生长的年代，你只有把自己变得稀缺之后，才拥有重新定义商业模式的可能。

那如何才能变得稀缺呢？

我们需要先理解波特的五力模型。波特五力模型是迈克尔·波特在1979年提出的，每家企业都受直接竞争对手、顾客、供应商、潜在新进公司和替代性产品这五个"竞争作用力"的影响。

　　我们用一家火锅店的例子来理解这"五力"。

　　假设你在上海定西路开了一家重庆火锅店，谁是你的直接竞争对手？你可能会说是街对面的成都火锅、云南鱼火锅、海鲜火锅店。但是，只有火锅店吗？不。整条街上开着的，无论是小龙虾店、湘菜馆，还是港式茶餐厅、韩国烤肉店、日本料理店，都是你的直接竞争对手。因为你们争夺的是来到这条街上吃饭的人。你要知道，你处于一个"充分竞争"甚至"过分竞争"的市场。

　　顾客是一个非常重要的"竞争作用力"，这体现在他们的谈判力量上。比如，附近写字楼里的大公司来找餐厅谈判，持员工卡可以打折，这就是一种谈判力量。比如，出示某一家银行的银行卡也可以打折。如果你不在这家银行或某大公司的合作列表里，你赚的钱可能就会比隔壁饭店少很多。

　　如果你的菜品是从上海最大的供应商那里采购的，它同时服务着几百家火锅店，那你在它面前是没有什么谈判能力的，就像各种 App 开发公司在苹果公司面前都是弱势群体一样。如果你的供应商很小，小到你的生意对它足够重要，那你在它面前就有很强的谈判能力，甚至可以说主动权完全掌握在你的手上。这是供应商的竞争作用力。

　　这条街隔壁的一条街也要开发成餐饮一条街了。这时，你就面临"潜在新进公司"的竞争作用力了。

　　你的替代性产品是什么？替代性产品就是顾客如果不来

这条街吃饭了，他们还能吃什么？你最典型的替代性产品是外卖服务，还有便利店里的快餐盒饭、健身减脂餐等。如果有一天，"过午不食"成为流行趋势，大家晚上不吃饭了，那么整个餐饮市场规模都会减小。这就像数码相机的出现干掉了几乎整个胶卷业，智能手机拍照功能的日益完善又吃掉了数码相机的市场份额一样。这些就是替代性产品。

五力模型或许是全球知名度最高的战略分析工具。可能有人会说，今天五力模型已经过时了，但是，它仍是我们分析问题的工具，作为思考问题的方式之一，它永远不会过时。

认真分析这些作用力的强弱，有助于公司制定相应的竞争战略，获得有利的市场地位，获得更好的进化。

从迈克尔·波特的角度出发，所有人都是你的竞争对手，下游的顾客是你的竞争对手，上游的供应商也是你的竞争对手。

要变得稀缺，就是相对于"五力"都要稀缺。

首先，你对下游要稀缺。也就是说，你对下游要有溢价能力。

你现在手上有几个客户？如果你一算账，发现下游只有两个客户，而且公司收入的80%甚至90%都来自其中一个客户。你就要明白，这样下去是没有未来的。

我们换个角度，站在大客户的角度来看，你就会明白为什么了。他会想：我如果只有你这一个供应商，万一有一天你不和我合作了呢？我要你降价，你不降呢？这样一想，他一定会有一种不安全感。在这种不安全感的驱使下，他会不断地发掘新的供应商，把风险分摊出去，让自己变得更安全。而在这种情况下，你的处境就很危险了。如果这个大客户不和你合作了，你的生意会受到直接的影响，收入也会大大降低。而且，你一点办法都没有。

所以，你对下游一定要有话语权。

你拥有话语权的最大前提是，你所有的生意不能来自一个客户。绝大部分生意来自一个客户也不行。如果你的生意被大客户"拿捏"，大客户可能就会不断地要求你降价，而你无力反抗。因此，你一定要让你的下游客户分散。当有一天，你选择和其中任何一家不合作都不会给你带来巨大损失时，你就拥有权力了，变得稀缺了。

同时，你对上游也要有溢价能力。

如果你有一个配件要找上游一家供应商买，这个配件现在货源紧缺，特别好卖，他不卖给你，你会发现，你的生意做不下去了。这说明，你对上游没有溢价能力。

溢价能力意味着拥有分配的权力。拥有分配权的人可以把稀缺资源卖给其他公司，或者随时对你涨价，而你一点招架之力都没有。

当你没有溢价能力的时候，原材料的价格是别人定的，销售价格也是别人定的，这时，你能挣多少钱完全不取决于你自己。这样的你是不可能团结别人的。

同样的道理，你还要对你的"左右"有溢价能力。"左右"就是你的直接竞争对手、显性的潜在新进公司和隐性的替代性产品。

你的溢价能力来自你的产品的稀缺性，而产品的稀缺性靠创新。只有稀缺，才有话语权，才能疯狂生长。

未来的竞争是认知的竞争

我经常和一些创业者、企业家交流，大家有一个普遍的感受：这些年，那些稳定的、确切的通道逐渐消失了。如今生意做得又累又苦，明明已经足够努力，却还是在生存边缘挣扎。红利变红海，利润越摊越薄，竞争越来越激烈。容易赚的钱肯定没了，往后大家得做更难的事。以后，要靠本事赚钱了。

为什么我们会有这样的感觉？

因为目所能及的几乎每一个行业都竞争惨烈，比如我们最熟悉的餐饮业。

餐饮业是万业之祖，中国餐饮业大概有 4 万亿元的规模。餐饮是一个分散市场，很难做到赢家通吃。中国最大的餐饮企业是百胜中国，然而 2018 年它的年营收大概是 560 亿元，才占整个市场的 1%。也就是说，人人都有机会。

但是，就是这样一个"人人都有机会"的市场却竞争惨烈，结果也是天差地别。

开餐厅几乎完全要靠精细化管理的能力，从指缝里抠出每一分钱。买菜时要讨价还价，0.8元的成本，要想尽办法降到0.75元。而且，餐厅几乎是一个必须由老板亲自开的行业。雇用其他人开，稍有不敬业，就会导致亏损甚至关门。所以，能在餐饮业待下去的人都很勤奋。在这个行业里是飞不起来的，只能靠勤奋"肉搏"。

你知道，这样的人已经很少见，也很优秀了。想再好，太难了。但是，很多这样的人现在也只是勉强糊口，还过得去罢了。

为什么？因为还有更好的在挤压他们的生存空间。

勤奋是基本的品质，能保证做到80分，但是想要做到90分，光靠勤奋是不够的。靠什么？靠对行业的理解。

餐饮，尤其是中餐，最大的问题是不能标准化。而有一个品类却能很好地解决这个问题——火锅。用标准化的底料实现对味道的品控，降低成本，用中央厨房提高运营效率，保证菜品新鲜。可复制的标准化是比勤奋更厉害的武器，勤奋只是耍大刀，可复制的标准化却是机关枪。

所以，能做到这一步的人，寥寥无几。但是，还不够。

为什么？因为还有更好的在争夺他们的市场。

对行业有理解，能做到90分，但是想做到100分甚至120分，靠这个还是不够。还要靠什么？靠技术和认知。

我之前遇到一位企业家，他是帮助高端餐厅做预制菜的。我问他："你做什么菜？剁椒鱼头？还是清蒸刀鱼？"他说："我们不做，那种菜太简单。我们只做那些餐厅需要花大量时间成本准备的菜，比如红烧肉、糖醋小排、狮子头。我在中央厨房做好，比他自己现场做成本要便宜很多。我们凭本事帮客户省钱，然后，我们从省掉的钱中分一点点。"

在新冠肺炎疫情期间，他们的生意不但没受影响，反而同比增长了300%。

我突然意识到一个惊人的事实：今天我们去的很多餐厅，其实已经很少吃到现做的菜了，大约60%都是急冻预制菜。但是，我们根本吃不出来，还是感觉很新鲜。因为，现在的急冻技术已经能够充分保鲜了。

这是惨烈的竞争中真正的降维打击。

预制菜的技术是从省钱中赚钱，这是靠本事在赚钱。这不仅是技术的优势，更是认知的碾压。

我同这些创业者和企业家说：你虽然很努力，但是未来一定要在努力中拿到至少一次"非线性的收益"。否则，很有可能下次就失败了。

我们经常以为，竞争是均匀的、线性的，一分耕耘一分收获——50分的努力能赚50元，80分的努力能赚80元，100分的努力能赚100元。我们总觉得，做到60分就算及格了。但其实不是，绝大部分人都能做到60分。要想生存下去，在任何一个行业，现在都要至少做到 90 分，90 分才是及格线。而真正优秀的人都是至少 98 分。

在线性竞争市场里，大家都很勤奋，都很努力。所以，在这片红海里，只靠吃苦已经不行了。甚至，现在已经不是一分耕耘一分收获了，你付出 50 分的努力很可能 1 分钱都赚不到，你付出 80 分的努力还是 1 分钱都赚不到，而你付出 90 分的努力能赚 90 元，付出 120 分的努力能赚 20 000 元。

我们经常说要进入蓝海市场，但为什么很难做到？因为蓝海不在红海的旁边，蓝海在红海的上边。进入蓝海的真正挑战，不是找不到，而是上不去。

每个市场的门票是不同的。要想进入下一个市场，拿到"非线性的收益"，至少要比别人好 10 倍。这 10 倍，不仅仅指努力，更是指认知。

认知，可能是以后最大的本事。认知到，才能想到；想到，才能做到；做到，才能得到。所以，未来的优势，都是认知的优势；未来的竞争，也都是认知的竞争。

关于如何提升认知，我有几个具体的建议。

第一，多读书。

每一本书都能打开你的盲区，读的书越多，理解的东西就越多。前人的思考是我们的阶梯，站在 1 楼、10 楼、100 楼的视野是完全不一样的。所以，每年至少要读 20 本书，如果时间和精力允许，最好读 50 本以上的书。

第二，多见人。

每隔一段时间，都要去接触不同的人。每个人都有自己看待世界的方式和思考问题的方法。成长不是闭门造车，需要看到更真实的世界。只有见过足够多的人，才知道什么人是真正有格局的，什么样的观点是真正有价值的。

第三，多旅行。

旅行是打破自己认知闭环的好方法。旅行的意义，不是寻找相似，而是收获不同。带着洞察之眼，怀着反观之心，沐浴在巨大的不同之中，回来的才可能是一个更好的自己。

眼中有不同，是眼界；心中有不同，是胸怀。而只有走出去，才有机会见识这些不同。

第四，逼自己。

改变对大多数人来说都是一件痛苦的事情。但是想要提升认知，就必须做出改变，把自己扔到一个更有压力的环境里，因为环境会影响人，会深刻地改变一个人。当你进入一个更高的圈子时，别人的三言两语可能就会令你醍醐灌顶。所以，你要逼自己到一个信息密度、人才密度、交流密度都更大的地方。

如果你只想发生较小的改变，那么专注自己的态度和行为就可以了，比如把杯子倒空。但是，如果你想发生实质性的改变，想获得真正的认知优势，那就要逼自己，可能连杯子都要换掉。

竞争的门槛越来越高，竞争也越来越激烈，这对我们提出了更高的要求，需要我们有更高的认知。你永远赚不到认知范围之外的钱。只有持续不断地提升认知，你才能疯狂生长。

找到增长飞轮，实现指数级增长

无论是个人的成长还是企业的发展，要想获得大的成功和改变，都应该像跳台阶一样，努力跳上去，然后站住，再跳上去，再站住。

这个跳台阶的过程，也就是我所说的要至少拿到一次"非线性的收益"，否则我们的一生只能是普通的甚至平庸的一生。

而这个巨大的收益也被很多人称作"指数级增长"。

什么是指数级增长？

在《指数型组织》里有一个值得参考的数字：在 4 ～ 5 年里，增长超 10 倍。也就是说，年增长率至少应该是 60% ～ 80%。或者更简单点说，是在现状的基础上提高 10 倍。

那么，指数级增长，到底怎么增长？如何才能增长 10 倍？有没有什么具体的方法论？

当然有。有一个公式：

$$\text{指数级增长} = (a\uparrow + \Delta\uparrow)^{y\uparrow}$$

本金　增长　时间

可累积性

我们可以从 a、+、Δ、y，四个方面来思考。

1. a：本金尽量大

公式中的"a"指的是你的本金，本金应该尽量大。因为一段时间之后，会发生翻天覆地的变化。

我举个例子。假设你有本金 1000 万元，每年的增长率为 80%，市场容量足够的话，那么大概 4 年之后你就能赚到 1 亿元。

但是，假如你的本金只有 100 万元呢？那么同样的情况下，赚到 1 亿元大概需要 8 年。前 4 年，你会赚到 1000 万元。后面 4 年，1000 万元变成 1 亿元。

一个需要 4 年，一个需要 8 年，看起来似乎差不多，但实际上差很多。人与人之间的差距，往往就是这样拉开的。

你想想，你的本金是 100 万元，别人的本金是 1000 万元，4 年之后，你赚到了 1000 万元，别人赚到了 1 亿元。你花了 4 年时间，好不容易才追上别人的起点，但是你们财富的差距却变得越来越大。

更重要的是，你们之间差了这 4 年的时间。我们经常说，时间是朋友，但是，时间有时也很无情——存在"时间窗口"。比如互联网创业，比如某些金融市场的周期性，时间窗口非常明显，错过了可能就再也没有了。

所以，现实的情况是，有些人抓住了一个机会，人生从此实现了跃迁，而有些人却仍然停在原地。

财富的积累不能忽略时间窗口。因此，有些人为了抓住时间窗口，会用本金换时间。比如互联网创业要融资，融资就是要获得尽量大的本金，然后在一个时间窗口内快速增长，实现质变。

所以，为了实现 10 倍的指数级增长，在 a（本金）上，我们能得到一些启发：

一是要积累足够多的本金，a 要尽量足够大。这是为了能在后面放大自己的收益。

二是等待时间窗口。机会没来，静静等待；机会来了，不要手软。

2. ＋：要有可累积性

公式中的"＋"代表的是可累积性，也就是增强回路，或者用我们经常听到的另外一个词"正循环"。

想要实现 10 倍的指数级增长，毫无疑问，你应该非常专注。但是，应该专注在什么地方？专注在能积累资产的地方，不断把更多资产堆在自己的身上。

只有这样，你做的事情才会一圈一圈，不断循环，自我增强。

一个非常有代表性的例子是亚马逊。1994 年，杰夫·贝佐斯这个深度思考者决定开始创业。他在纸上写下了必须面对的一些变量：客户体验、流量、供应商、低成本结构、更低的价格。

看到这几个变量，你是不是有一种熟悉的感觉？是的。因为这些变量之间互有关联。

什么带来了客户体验？更低的价格。因为谁都想用更低的价格买到更多、更好的商品。

什么带来了更低的价格？低成本结构。只有成本低了，价格才会低。

什么带来了低成本结构？规模效应。也就是向供应商进更多货，这样才有更多的谈判筹码。

怎样才能向供应商进更多货？巨大的流量。也就是要有足够的需求、足够多的用户。

足够多的用户在哪里？你要有更好的客户体验。

所以，一个非常有趣和神奇的模型就被画在了纸上。这就是被人们津津乐道，也被人们研究和模仿的亚马逊的增强回路（见图8-2），从客户体验出发，又回到客户体验。

然后，贝佐斯就开始推动这个增强回路，积累自己的资产。亚马逊的增长因此越来越快，也越来越坚实。

所以，要想实现指数级增长，就必须找到自己的增强回路。

我再举个例子。作为一名商业顾问，我想要积累的核心资产是声誉。但是，什么能带来声誉？作品。有好的案例、好的文章、好的书籍，才能让正在读文章的、优秀的你认可我。那么，什么能带来作品？学识。纸上谈兵终究是空谈。所以，必须参与真实的商业实践，解决具体问题，这样才能得到真才实学，提出真知灼见。可是，什么能带来学识？声誉。只有拥有好的声誉，你才能接触更多优秀的企业，获得大量的真实体感。

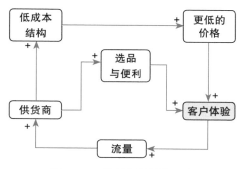

图 8-2　亚马逊的增强回路

"声誉 –(+) →学识 –(+) →作品 –(+) →声誉"，这是我给自己画的增强回路（见图 8-3）。

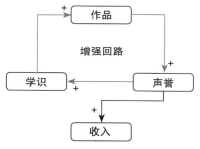

图 8-3　我的增强回路

所以，为了实现 10 倍的指数级增长，在 +（可累积性）上，我们也应该做一些事情：找到自己要积累的核心资产，画出自己的增强回路，把这幅图贴在自己的办公桌上，时刻提醒自己最重要的事情是什么。

3. Δ：增长足够快

公式中的"Δ"代表的是增长，增长要足够快。

但是，怎样才能实现快速增长？商业模式一定要"轻"。

从这个角度出发，我们就能重新理解一些事情。

比如，樊登读书会。

樊登有一项天赋，他能在飞行途中快速看完一本书，下飞机后到办公室画幅思维导图，就能对着镜头，一镜到底讲四五十分钟，而且讲得非常精彩。因为这项天赋，他成立了樊登读书会，每人每年交 365 元的会员费，就可以在线上收听樊登每周一本的讲书音频。

但是，这个产品非常依赖信任和体验，怎么才能更好地推广呢？

有人说可以在每个城市建立线下读书会，但是，如果一个城市需要 5 个工作人员，10 个城市就要 50 个人……这种模式就会很"重"，会带来大量运营工作，成本也会很高。所以樊登没有采取这种模式，而是在全国招募省市合作伙伴，把会员费中可观的比例分给他们。这样一来，那些烦琐的运营工作就交给合作伙伴来完成，而他只需要专心打磨内容。

2016 年，樊登读书会的收入就已经过亿了。现在，樊登读书会一年的收入规模大概是 10 亿元。

再比如，美业创业者。

我有一个朋友是经营美容院的，她也想实现快速增长，于是，她摸索出一个方法：不再自己开美容院了，而是转型和其他美容院合作。

她找到那些想开美容院的人，为他们提供技术和经验以及 70% 的资金，帮助他们开店。但是，她有一个条件——这些美容院必须用她的产品。假如这家美容院非常赚钱，店主也可以按照当时的价格回购她持有的股份，但是，条件仍然是必须继续用她的产品。

所以，我的这位朋友把自己的模式做得很"轻"——提供咨询和资金服务，然后捆绑销售自己的产品。

其实类似的方法，在其他行业也适用。比如餐饮，我帮你开店，但你要买我的原料；比如培训，我帮你招生，但是你要买我的教材。这些做法都是为了让自己变得更"轻"。

所以，为了实现 10 倍的指数级增长，在 Δ（增长）上，我们也能有一些启发：

一是找到裂变内核，它一定是一个非常轻的、可以裂变的东西，就像前面提到的樊登的听书产品、美容院的美容产品。

二是找到裂变模式，它也一定是一个非常轻的、可以裂变的模式，有了这个模式，企业就会像利用了杠杆一样快速增长。

4. y：时间足够长

公式中的"y"代表的是时间，时间要足够长。

这包含两层意思：第一是市场规模足够大，这样才能允许你快速增长 4～5 年，甚至更久。否则，很快就会碰到天花板。第二才是坚持。但是，我们常常关注第二层意思，却忘记了第一层意思。这就要求我们，最好选择一个比较大的市场。

你有没有想过，为什么有个很著名的豆浆机品牌后来开始做电饭煲了呢？因为豆浆机的市场实在是太小了。快速增长一段时间后就碰到了天花板，再怎么增长都上不去了，所以必须扩充自己的产品线，开始生产其他品类的产品。

因此，如果你的项目是一个小品类，想要获得指数级增长，你最后很大可能会这么做：从差异化的产品切入主流的大市场。只有更大的市场才能装得下你的计划和野心。

天使投资人丁建英在投资圈有个流传甚广的观点很有道理："应用型公司值十亿量级，平台型公司值百亿量级，生态型公司值千亿量级。"

所以，为了实现 10 倍的指数级增长，在 y（时间）上，我们应该做的事情是：认真思考你想做的事情能不能支撑你未来几年每年 60% ～ 80% 甚至更快速度的增长？如果不能，要换什么赛道？如果能，那就专注地做，并且做好，等待时间的回报。

巴菲特有一个著名的比方——"滚雪球"，可以很好地说明指数级增长。滚雪球通常需要我们找到一条长长的、厚厚的、湿湿的雪道。这个一开始的雪球，就是"a"，本金要尽量大。长长的，就是"y"，雪道要足够长，滚雪球的时间也要足够长。厚厚的，就是"Δ"，每滚动一次，都要裹挟进来更多的雪，这样才会越滚越快。湿湿的，就是"$+$"，裹挟进来的雪，要能粘住滚动的雪球，要有可累积性。这样，雪球最终才会越来越大。

在竞争激烈、行业洗牌的今天，我们需要更加努力，但是，是更有方法的努力。这四个方面最好都能做到，或者，至少做到一个方面。哪怕只做到一个方面，你也能增长得更快，变得比现在更好。

希望不论是你的个人财富还是创业的发展速度，都能获得 10 倍的指数级增长。

进化的路上，与温暖的力量同行

进化的力量，就是面对变化，用海量的"物竞"应对复杂的"天择"的力量。活力老人、数字石油、新消费时代、

Z0 世代、流量新生态、跨境加时赛……这是我们这个时代的最新变化，我希望你能看清世界的变化，然后疯狂变化。

但在最后，我还想给你讲一个故事，这个故事和商业无关。

2021 年 7 月，郑州特大暴雨后，我与郑州 ViMi 孕立方月子中心的牛先生和他的太太张女士通了一个电话。其实，原本我是想和他们见一面的，但我都飞到郑州了，又因为新冠肺炎疫情反弹，飞回来了，只好临时改成电话交流。

通完这个电话后，秦朔老师的一句话就一直在我耳边回荡："只有河南最中国。"

2021 年 7 月 20 日，郑州遭遇 1951 年有气象记录以来最大的暴雨，最大的单小时降雨量达到多大呢，相当于把 107 个西湖的水在 1 小时内灌入了郑州。

这天晚上，牛先生吃完药之后和太太张女士两个人默默地刷着手机。牛先生突然说："救不救人？"张女士似乎一直在等着这句话，马上回答："救。"牛先生说："好，那听我的。"

牛先生立刻把月子中心的十几名在职员工召集起来，他们蹚着水、游着水，"捞"了 80 多人。他们为这些落难的人准备了热水、姜汤、毛巾、毛毯，想办法帮大家把这一夜熬过去。

这时，一个坏消息传来：要断水、断电了。他们想，这可不行，大人可以熬一熬，孩子怎么办呢？要是断水、断电了，连奶粉都没法泡，孩子只能挨饿，有些体质弱的孩子甚至会有生命危险。

怎么办？他们和几个高管商量之后，通知全体员工第二天一早全部到岗，参加救助。然后，他们把美团上的所有服务下架，重新上架了一个产品——新生儿免费入住。

越来越多的新生儿父母通过各种渠道了解到这个信息，来到了月子中心。在这里，有很多感人的事情发生。

物业听说他们在救助孩子，就把写字楼里自己的水给断了，优先供给月子中心。大一点的孩子的父母看到 3 个月大的婴儿来到月子中心时主动从房间里搬了出来，说要让给更需要帮助的人。

免费入住产品上架后，美团也打电话来问他们还缺什么，需要什么。第二天一大早，他们就送来了一整车瓜果蔬菜、饮料、面包、雨衣、消毒液、手电、雨伞、卫生纸，甚至连女性用的卫生巾都送来了。牛先生对我说："你不知道，我们的十几个女员工当场就哭了。当我们帮助别人时，别人也在帮助我们。这样，哪有什么洪水是不可战胜的？"

清点完物资后，牛先生只留下了一些瓜果蔬菜，然后把饮料、面包等一些能量型的东西转捐到了社区捐赠点，他说，抗洪一线的人更需要这些物资。

听到这里，我不知道说什么好。我突然想起来一件事："对了，牛先生，你说 20 日那天晚上在吃药。我能问一下，你吃的是什么药吗？"

牛先生犹豫了一下，说："治疗癌症的药。我患有双源癌，胃癌和直肠癌。我的胃已经切除了 2/3，现在正处于恢复期，所以一直在吃药。我的直肠切除以后，一直没和肛门连在一起，所以在肚子上打了一个洞，现在肠子还在外面裸露着。要等过一段时间，才能去做回纳手术。"

我不知道怎么回复牛先生，甚至都不知道该不该问下去。

没有人不辛苦，只有人不喊疼。如果你觉得不辛苦，那是因为有人替你负重前行。

从牛先生和张太太身上我看到了一种温暖，看到了一种力量。

这个世界会好吗？这个世界当然会好。因为有他们，因为有我们，因为有再大变化都会迎难而上的人们。

进化的路上，我们不会停下脚步，但我希望这种温暖的力量与你同行。